Claire Avalon

Channeling

Medien als Botschafter des Lichts

Smaragd Verlag

Über die Autorin

Claire Avalon beschäftigt sich seit vielen Jahren mit den Fragen des spirituellen Wachstums dessen, was einen Menschen einzigartig macht – der Seele.

Vor etwa fünfzehn Jahren begann bei ihr eine spirituelle Entwicklung, die ihr immer wieder zeigte, dass sich hinter allem Geschehen eine unvorstellbare Intelligenz höherer Ordnung verbergen muss, die man weder als Zufall bezeichnen, noch jemals ganz begreifen kann. Die Ausbildung zur psychologischen Beraterin unterstützte das Verständnis für die vielen Facetten der Seele.

Sie wurde immer wieder liebevoll an die Arbeit im Dienste der Menschen herangeführt, um sich dann freiwillig für ihr Wirken als Medium der Großen Weißen Bruderschaft zu entscheiden.

Heute arbeitet sie in Einzelsitzungen mit Menschen, um ihnen auf ihrem Weg der Transformation im Sinne der Akzeptanz all ihrer Fähigkeiten, Unvollkommenheiten und Schönheit behilflich zu sein. In Seminaren unterstützt sie diese Menschen dabei, selbst in eine seriöse und eigenverantwortliche Kommunikation mit der Weißen Bruderschaft zu gelangen und das Gesetz der Präzipitation erfolgreich anzuwenden. Ihr wichtigstes Ziel ist die Unabhängigkeit eines jeden Menschen und die Übernahme der eigenen Verantwortung für das SEIN. Nur so kann das „SCHAFFEN AUS DER URMATERIE" von Erfolg gekrönt sein.

Dieses Buch widme ich

Christoph

*„Am Anfang war die bedingungslose Liebe.
Sie überlebte alle Epochen,
auch wenn wir sie oft aus einem anderen
Blickwinkel sahen.
Sterben darf sie niemals,
denn sie führt uns zur Einheit."*

Ich danke dir für diese Liebe.

Inhaltsverzeichnis

Vorwort

Liebe Leserinnen und Leser,

in diesem Buch möchte ich das Thema *Channeling* aus meiner eigenen langjährigen Erfahrung heraus beschreiben. Channeling ist ein Begriff, der meiner Ansicht nach etwas mystisch, undurchsichtig und abgehoben klingt. Da jedoch das Wort in der Zwischenzeit einen gewissen Bekanntheitsgrad erreicht hat, der zunächst wenig Fragen aufwirft, habe ich ihn in meinen Arbeitsbereich übernommen.

Aufgrund meiner Arbeit als „Channel" der Großen Weißen Bruderschaft habe ich im Laufe der Zeit leider feststellen müssen, dass viele Menschen eine falsche Vorstellung in eine solche Sitzung mitbringen. Nun mag es sein, dass sie aufgrund früherer Erfahrungen geprägt sind. Ich habe gelernt, dass eine große Zahl der Menschen, die mich aufsuchen, als sogenannte Swinger zu bezeichnen sind. Das bedeutet, sie suchen ein Medium nach dem anderen auf, dies innerhalb kürzester Zeit, und wundern sich, dass sie mit all den Informationen nicht mehr zurechtkommen.

An dieser Stelle möchte ich betonen, dass es eine reine Frage der Ethik ist, Vertrauen in die Aussagen zu entwickeln, die man erhält. So sollte man erneutes Nachfragen vermeiden. Aber die Neugier ist so groß, der Wunsch nach Bestätigung so ausgeprägt, dass die daraus entstehende Misere tatsächlich zerstörend wirken kann. Ich werde später auf die verschiedenen Merkmale der Medien eingehen und auf all das, was man dabei beachten muss.

Für mich entstand aus meiner Arbeit heraus ein sehr großes Verantwortungsgefühl für die Seele des Menschen, der mir gegenübersitzt. So wird jeder Klient von mir zunächst exakt in die Arbeit eingeführt. Spätestens dann entsteht bereits Handlungs- und Aufklärungsbedarf. Obwohl ich in jedem Vorgespräch bei der Terminvereinbarung auf alle Aspekte und Voraussetzungen hinweise, kommt es immer wieder vor, dass die Klienten sehr unvorbereitet und oft auch misstrauisch zu mir kommen. Dann ist es für mich sehr schwer, eine gute Basis zu finden, auf der dann eine gesunde Portion Vertrauen und Mut zur Mitarbeit die Grundlage für eine gute Arbeit bildet.

Jede gute mediale Arbeit sollte den Menschen dazu auffordern, mitzuarbeiten, denn nur er alleine kann sich kennen lernen und vervollkommnen, soweit es sein Lebensplan vorsieht und gestattet. Demzufolge macht es mich oft sehr traurig und auch unzufrieden, wenn ich spüre, ein Mensch sitzt mir nur aus Neugier gegenüber.

Ich weiß um die Tragweite der Informationen. Meine Form des Channelings geht sehr tief. Sie beansprucht den Menschen mir gegenüber, den ich als Partner betrachte und dem ich helfen möchte, sich kennen zu lernen mit allen Aspekten seines Seins. Dazu brauchen wir Vertrauen, Offenheit, Charisma und einen gesunden Menschenverstand. Nichts soll einfach blindlings akzeptiert werden. Alles ist geeignet, hinterfragt und nach eigener Überzeugung integriert zu werden.

Aus all diesen Gründen heraus habe ich mich entschlossen, dieses Buch zu schreiben. Ich möchte es allen interessierten Menschen anbieten, die sich mir im Rahmen eines Channelings anvertrauen oder meine Form des Channelings kennen lernen möchten. Es ist gedacht als eine Einführung in eine hoffentlich fruchtbare und erfolgreiche Zusammenarbeit. Für mich ist es wirklich eine Zusammenarbeit geworden und kein einmaliges Happening, das man jederzeit und an jedem Ort wiederholen kann.

In diesem Sinne bitte ich auch um Verständnis für die Offenheit und die direkte Art, in der ich vielleicht das eine oder andere Thema anspreche. Das liegt an meiner geistigen Führung, die mich in einem jahrelangen Training so geformt hat, dass ich gelernt habe, auf den Punkt zu kommen. Für mich ist es wichtig, in einer nüchternen und klaren Form diese hoffentlich intensiver werdende geistige Arbeit auf allen Ebenen zu beschreiben. Dabei liegt es auf der Hand, dass jede Art der Heimlichtuerei und mystischer Geheimniskrämerei aus der Welt geschafft wird.

Channeling ist so alt wie der Mensch. Nur hat der Mensch im Westen heute seinen Verstand zum Meister aller Dinge gemacht. Intuition und innere Stimme werden degradiert zu Luxusgütern, die nur noch in Verbindung mit dem Rückzug auf die einsame Insel erreichbar sind. Kein Wunder, dass jeder, der sich anmaßt, mit gerade diesen Aspekten des anderen kommunizieren zu können, als außergewöhnlich und gleichzeitig suspekt bezeichnet und somit kritisch aus dem Augenwinkel heraus beäugt wird.

Lassen Sie uns das Channeln in diesem Buch doch einfach als Sprache der Liebe, des Vertrauens und der gegenseitigen Toleranz und Akzeptanz bezeichnen. Ich hoffe, dass der Inhalt des Buches dem Rechnung trägt, so dass Sie ruhigen Gewissens und mit Freude mit mir auf diesen einmaligen und höchst interessanten Weg gehen können. Ich möchte meine Arbeit nicht mehr missen. Sie bereichert mein Leben wie keine Arbeit zuvor. Auch wenn jede Sitzung meine ganze Kraft und allen Einsatz fordert, so freue ich mich über jeden kleinen Erfolg, selbst wenn er erst nach langer Zeit sichtbar wird.

In diesem Sinne danke ich all den Klienten, die mir nun schon lange die Treue halten und mich immer wieder mit ihrem Vertrauen belohnen. Vertrauen ist unbezahlbar, sowohl im Irdischen als auch im Geistigen.

Ich sage *Danke,* auch im Namen der Großen Weißen Bruderschaft.

Claire Avalon

Einführung

Zu Beginn dieses Buches möchte ich kurz auf den Hintergrund meiner Arbeit eingehen, das heißt, auf die Ebene, die mich überhaupt befähigt, meine Arbeit in diesem Sinne zu tun. Dies ist mir wichtig, denn jeder Erfolg beruht auf einer optimalen und durchdachten Zusammenarbeit. Ich könnte niemals so tief in die Seele eines Wesens eintauchen und sie berühren, wäre nicht etwas da, das mir den Zugang in Übereinstimmung mit diesem Wesen ermöglicht. Und dieses Etwas ist so allumfassend, so weise und intelligent, dass kein Mensch, keine Technik dieser Welt jemals in der Lage sein wird, diese Maschinerie zu durchschauen. Wir nennen dieses hochsensible Etwas die „Große Weiße Bruderschaft".

Was nun ist die Große Weiße Bruderschaft?

Sie ist zu betrachten als geistige Hierarchie, als Gruppe von weisen Wesenheiten und Aufgestiegenen Meistern, die in hohe geistige Sphären zurückgekehrt sind. Fast alle haben gelebt wie wir, haben oft versucht, das Ruder herumzureißen, sind auch gescheitert und haben viele große Namen und auch Werke hinterlassen. Unterstützt werden sie in ihrer wertvollen Arbeit von den Elohims, den Weltenschöpfern, den Erzengeln und vielen Engelscharen, die die Menschen liebevoll begleiten. Sie haben sich trotz ihres Aufstieges, der sie vor dem erneuten Inkarnationsbedarf schützt, bereit erklärt, den Menschen unter absoluter Berücksichtigung ihres freien Willens dabei zu helfen, ihr noch bestehendes Karma aufzulösen und ihr Ego so zu transformieren, dass sie alles Belastende loslassen können. Dabei wollen sie jedoch jede Form der Abhängigkeit vermeiden. Der freie Wille ist oberstes Gebot. Durch ihre Ratschläge und Impulse wollen sie den Menschen lediglich dabei helfen, ihr Bewusstsein zu erweitern, alle selbst geschaffenen Begrenzungen loszulassen, nach innen zu gehen und ihr Höheres Selbst als Lehrer zu betrachten. Dadurch entsteht eine neue Form der persönlichen Freiheit, die in eine Unabhängigkeit führt, mit deren Hilfe sich die Menschen frei und ohne Angst in der Gesellschaft bewegen können.

Es geht hier also nicht um manipulative Einflussnahme geistiger Natur, sondern um geistige Unterstützung im Sinne von Vertrauen, Toleranz, Akzeptanz, Uneigennützigkeit, Weisheit, Makellosigkeit, Friede, Harmonie, Freiheit, Wahrheit und allumfassender Liebe. Dies ist mir wichtig zu betonen, um von vorneherein den Gedanken der Sekte oder suspekter Vereinigung auszulöschen.

Im übrigen verweise ich an dieser Stelle auf das Buch „Die Weiße Bruderschaft" von Anna Amaryllis, das ebenfalls im Smaragd Verlag erhältlich ist. Dieses Buch erklärt in leicht verständlicher Weise den Sinn und die Arbeit der Weißen Bruderschaft.

Der Aufgestiegene Meister El Morya beschrieb die Weiße Bruderschaft in dem Buch „Weltenlehrer" von Armando de Melo einmal als „Gott - eingetragene Gesellschaft". Er sagt: „Das Produkt dieser Gesellschaft ist der Aufstieg."

Jeder Angestellte dort hat seine eigene Aufgabe. die Aufgestiegenen Meister haben sich ihre Position als Abteilungsleiter erarbeitet, nachdem sie durch viele Inkarnationen auf der Erde ihr Training vor Ort beendet haben. Der Vorstand bildet sich aus den Lenkern oder Cohanen der sieben Strahlen, wovon jeder eine Eigenschaft Gottes repräsentiert.

14

Wir alle nun dürfen uns bei dieser Gesellschaft bewerben. Wir arbeiten mit am Erfolg, indem wir die angestrebten Eigenschaften auf der Erde in allem Sein manifestieren. Ich bezeichne die irdischen Mitarbeiter als Lichtarbeiter. Wir werden uns im günstigsten Falle zum geeigneten Zeitpunkt darüber klar, welche Aufgabe wir in diesem Unternehmen übernommen haben. Durch den Eintritt in den irdischen Körper verlieren wir ja zunächst jede Erinnerung an das, was man uns eigentlich als Auftrag mitgegeben hat, oder besser gesagt, welche Aktentasche wir uns mitgenommen haben.

So gehen wir zur Schule, werden zum Lehrling, wir arbeiten, strampeln, gewinnen, versagen, jammern, haben Erfolg und Misserfolg, bis wir spüren, dass sich etwas ändern muss. Das ist genau der Punkt im Leben eines Menschen, an dem er darauf angewiesen sein kann, seine Aktentasche umzustülpen, zwischen alten Papieren, Butterbroten und Liebesbriefen herumzukramen und dann einen Auftrag zu finden, den er schon lange vergeblich suchte. Dieser Auftrag gibt uns dann die Chance auf eine erfolgreiche Bewerbung bei der „Gott - eingetragenen Gesellschaft". Er ist vergleichbar mit einer gerade für uns passenden Stellenanzeige.

Eine Stellenanzeige beinhaltet immer zwei Seiten: die zu erreichende Position, ihre Dotierung und die Annehmlichkeiten, aber auch die Anforderungen und Qualifikationen. Nur wer sich und seine Neigungen kennt, wer sich qualifiziert und weiterbildet, hat Aussicht auf die versprochenen Vorteile, auf eine Beförderung und auf das Gefühl, sich und seine Fähigkeiten optimal zu leben und auszunutzen. Dann erst macht das Leben Spaß, es entstehen Freude und Vertrauen zu sich selbst. Aber oft muss man zuerst hart an sich arbeiten, um alle Voraussetzungen für den Traumjob zu erfüllen.

Betrachten wir doch einmal die Stellenanzeige dieser Gesellschaft:

Was müssen wir erfüllen und mitbringen:

- Verpflichtung dem von uns gewählten Aufgabengebiet gegenüber
- Freude am Dienst an den Mitmenschen
- Demut, Gelassenheit, Vertrauen, Führungsqualität, Empathie, Distanzfähigkeit, Konzentrationsfähigkeit, Belastbarkeit, psychische und physische Stabilität, Kreativität, ständige Lernbereitschaft, Wertschätzung
- Loslassen von Konkurrenzdenken, Neid, Eifersucht, Trägheit, Geltungsbedürfnis
- Konstruktiver Umgang mit Kritik, aber auch Lob
- Mut zum liebevollen Führen derer, die noch wenig wissen, in ständiger Geduld und Behutsamkeit
- Und der wichtigste Punkt: Klärung der eigenen Seele, der feinstofflichen Körper und des physischen Körpers von allen karmischen und neuen Belastungen.

Was dürfen wir erwarten:

- Eine wunderbare und erfüllende Lebensaufgabe
- Viel Freude und Bestätigung im Umgang mit unseren Mitmenschen
- Dank und Unterstützung durch die geistige Ebene
- Direkte Kommunikation mit unserer Führungsebene
- Materielle Fülle und existentielle Sicherheit im Sinne unseres Planes
- Die Freiheit der Seele und karmische Absolution je nach Bestreben
- Bei Bewährung der Aufstieg zum Abteilungsleiter.

Das ist der Weg des Lichtarbeiters. Viele tragen diese Aktentasche mit sich herum. Oftmals wird sie gar nicht geöffnet, ob aus Bequemlichkeit oder Ahnungslosigkeit. Sicherlich nie mit Absicht, denn wer lässt sich solch eine Chance schon freiwillig entgehen?

Es zeigt sich nun eine große Vielfalt von Positionen und Aufgaben in dieser Gesellschaft. Wie in allen Unternehmen gibt es viele Menschen, die wichtig sind, um den Betrieb aufrechtzuerhalten, und sei ihre Position noch so gering. Alle müssen sich nach sämtlichen Kräften bewähren. Wichtig ist jedoch, dass sie alle auf ihrem Platz stehen, dass sie wissen, sie gehören dorthin, sie sind wichtig in diesem Getriebe, das nicht mehr funktioniert, wenn ein Zahnrad ausfällt. Dann fühlen sie sich gebraucht, honoriert und sinnvoll beschäftigt.

Nun stellen wir uns vor, die Abteilungsleiter dieser Gesellschaft beaufsichtigen Millionen von Menschen. Sie müssen dafür sorgen, dass jedes einzelne Wesen am Leben erhalten wird, dass niemand die Lust verliert an seiner Arbeit, dass alle gerecht behandelt und entlohnt werden. Ist das nicht eine tragende Rolle, die diese Abteilungsleiter erfüllen? Und jeder Mitarbeiter kann jederzeit zu ihnen kommen, ihnen sein Leid klagen, Trost und Hoffnung verlangen. So müssen sie sich millionstelfach aufteilen können in ihrer Kraft und Energie.

Dies geht nur dadurch, weil diese Abteilungsleiter, die Aufgestiegenen Meister, nur energetisch als reiner Geist existieren. So sind sie überall gleichzeitig vorhanden und präsent.

Nun stellen wir uns weiter vor, dass diese Gesellschaft aufgrund von Trägheit, Faulheit, Neid, und was es alles so in einer Firma geben kann unter den Mitarbeitern, marode geworden ist.

Man hat sich gesagt, es gibt ja ein paar, die gut arbeiten, dann können wir uns auf den Lorbeeren ausruhen. Diese Gesellschaft existiert ja immerhin schon über Jahrtausende hin. Und wenn dann die Bilanz immer schlechter ausfällt, wenn die Existenzgrundlage zu schwinden droht, muss etwas geschehen. Entweder werden die Mitarbeiter zur Ordnung gerufen, sie müssen den Gürtel enger schnallen und mehr tun für die Allgemeinheit, oder der Bankrott ist vorprogrammiert. Ein Abteilungsleiter kann tausend gute Ideen haben und die besten Absichten. Wenn er sich auf seine Mitarbeiter nicht mehr verlassen kann, steht er im Abseits und sieht dem Untergang entgegen. Dann kann nur noch der Vorstand eingreifen, alle zur Ordnung rufen und die letzte Runde zur Rettung einläuten.

Und genau in dieser Phase befindet sich die „Gott - eingetragene Gesellschaft". Da diese Gesellschaft jedoch einen solch immensen Umfang aufweist, ist der Vorstand auf die Mithilfe und die Unterstützung der Mitarbeiter angewiesen, die noch rechtzeitig ein Einsehen hatten und erkannten, dass auch in den unteren Ebenen etwas geschehen muss. Sie werden dann entsprechend geschult und aktiviert, um auch wirklich noch den letzten Mitarbeiter aufzuwecken, anzukurbeln und ihm im Notfall auf die Füße zu treten. Und trotzdem muss immer wieder akzeptiert werden, dass es Menschen gibt, die keinen Willen zeigen, nur ihr eigenes Wohl im Auge haben, ihr kleines Ego bauchpinseln, und denen das große Ganze vollkommen egal ist. Aber auch sie werden getragen, ernährt und mit einem gewissen Verständnis geachtet. Allerdings haben sie den Anforderungen der Gesellschaft nicht Rechnung getragen. ihr Zeugnis beim Austritt, in diesem Fall ihre Akasha-Chronik, legt ihr Verhalten offen.

So können wir nun folgern, dass im Grunde genommen alle existierenden Menschen Lichtarbeiter sein sollen und dürfen. Alle sollen das gesunde Unternehmen mit tragen und das Produkt „Aufstieg" in den Händen halten dürfen.

Wer aber nun sind die Mitarbeiter, die im Moment der Talfahrt aufgefordert werden, die Bremse anzuziehen und alle dazu anzuleiten, in die Pedale zu treten, damit es wieder bergauf geht? Es sind alle Menschen, die sich in den Dienst der Allgemeinheit stellen, um die geistigen Werte zu vermitteln, Heil zu bringen, Fortschritt im Geiste und eine Umkehr im Denken und Handeln zu erreichen.

Sie werden vom Vorstand direkt unterstützt, gefördert, mit Kraft und Energie versorgt, aber auch harten Prüfungen unterzogen in punkto Durchhaltevermögen, Mut, Disziplin und vielem mehr. Denn eines darf man nicht vergessen, der Vorstand ist nur geistig vorhanden. In seine Existenz kann man nur vertrauen. Er kann sich nur über diese Helfer artikulieren und zeigen. Das bedeutet, die Helfer müssen einerseits selbst ein grenzenloses Vertrauen entwickeln, und andererseits müssen sie dieses Vertrauen auf alle anderen Mitarbeiter projizieren und es aufrechterhalten. Das ist eine sehr schwere Aufgabe. Sie geht oft an die Grenzen des Physischen und Psychischen. Diese Helfer also sind die geistigen Arbeiter, die sich freiwillig im Irdischen zu dieser Arbeit bereit erklärt haben. Es sind Medien oder Channels, Geistheiler, alle Arten von Therapeuten und kreativen Menschen, die sich den geistigen Gesetzen geöffnet haben. Viele sehen noch nicht einmal die Früchte ihrer Arbeit wachsen. Sie dürfen nur darauf vertrauen, dass sie wenigstens einen Samen gelegt haben, der hoffentlich zum rechten Zeitpunkt sein Wachstum beginnt.

So wie alle anderen musste auch ich irgendwann meine Bewerbung losschicken, nachdem ich meine Aktentasche aufgeräumt, viel alten Ballast entrümpelt und endlich meinen Auftrag gefunden hatte. Meine Bewerbung wurde liebevoll angenommen. Man unterzog mich einigen Prüfungen, und es folgte die Probezeit, in der ich beweisen musste, dass ich zumindest bereit war, im Laufe der Zeit alle Qualifikationen zu erarbeiten und zu vervollkommnen. Die Lehrjahre hatte ich ja hinter mir, jetzt folgten die Gesellenjahre, die ja letztendlich auf die Meisterschaft vorbereiten sollen.

Ich lernte also, mich meinem unsichtbaren Abteilungsleiter in vollstem Vertrauen zur Verfügung zu stellen. Mir war zwar sonnenklar, welche Anforderungen ich zu erfüllen hatte, aber ob auch die versprochenen Belohnungen von Erfolg gekrönt sein würden, glich einem wahren Schleiertanz im Dunste meiner nebulösen Vorstellungen. Man hielt mich zwar bei der Stange mit ständigen Erfolgserlebnissen und AHA-Momenten, aber es dauerte, bis ich bereit war, mein ganzes anerzogenes Sicherheitsdenken abzulegen und ohne Netz und doppelten Boden zu arbeiten. Ich kam mir wirklich vor wie eine Seiltänzerin, der alle freundlich und bewundernd von unten zuwinkten, hakelnd nach der Stange in den fassungslosen Aufwachmomenten, gleichzeitig getrieben von dem Bedürfnis, den rettenden Sprung in die Materie wieder zu schaffen. Dazu kamen die Augenblicke, in denen ich merkte, dass gewisse Zuschauer voller Neid sahen, wie ich begann, die Mitte zu erreichen. Sofort begannen sie am Seil zu wackeln und die Messer zu wetzen. Dann hieß es nur, den Blick nach vorne zu richten, die Ohren zu verschließen und den Gedanken abzulegen: „Wenn Blicke töten könnten!"

Das Endergebnis war, dass ich zunächst sehr einsam wurde. Es blieben mir ein paar Freunde, auf die ich mich wirklich verlassen konnte und kann. Aber auch das ist eine Begleiterscheinung dieses Wachstums. Alte „Bekannte" verabschieden sich, und dann kommen wirkliche Freunde, die man sich unter ganz anderen Gesichtspunkten erwählt.

Es kam zu unzähligen Überstunden - ohne Bezahlung, versteht sich. Eine Prüfung jagte die nächste, wobei jede im Vorfeld so unsichtbar war wie mein Abteilungsleiter. So unsichtbar war auch die Hand, die mich jedes Mal im rechten Moment über die Schlucht zog, die keine Brücke aufwies. Aber ich fühlte sie. Sie war da, liebevoll, kraftvoll, tröstend und fordernd zugleich.

Krankenscheine wurden nur selten genehmigt. Man unterschied sehr subtil, ob ich nun wirklich dahingerafft war, oder ob ich eine notwendige Reinigung zu durchlaufen hatte, um zusätzliche Aufgaben zu übernehmen. Mit der Zeit roch ich schon den Braten, und so erklärte ich mich im Vorfeld schon oft zum „Durchputzen" bereit. Dann ging es schneller. Ich bekam eine kurzfristige Suspendierung verpasst, in der mich niemand störte. Da durfte ich mich dann mal selbst bedauern und beglückwünschen zugleich. So schnell ich auch ins Loch stürzte, so schnell kam ich wieder gestiefelt und gespornt zum Vorschein. Dann ging's ab in die nächste Etage.

Arbeitszeit ist geistig gesehen ein relativer Begriff. Wir sind ja selbst schuld, dass wir eine Uhr eingeführt haben! Zeitbegriffe sind den Abteilungsleitern unbekannt. Wenn ein Projekt gestartet wird, fragt niemand nach der Tageszeit. Gemäß dem Motto: „Der Tag hat vierundzwanzig Stunden. Und wenn das nicht reicht, nehmen wir noch die Nacht hinzu." Es ist wie im richtigen Leben. Wer einmal aufzeigt, kommt zweimal dran. Der Witz ist nur, dass man sich dabei auch noch gut fühlt. Vielleicht liegt es daran, dass man stets gerecht entlohnt und beachtet wird. Dies ist ja den irdischen Chefs zum größten Teil abhanden gekommen. Da ist man geistig gesehen fortschrittlicher. Aber trotzdem ist es nicht leicht. Wir sind ja nun gewöhnt an feste Zeiten, an den Tagesablauf, der geprägt ist von gesellschaftlichen Normen. Wir leben ja als Herdentier, sind selten nur auf uns gestellt. Die Interessen aller müssen berücksichtigt werden. Da muss man auch schon mal sagen: „Jetzt ist Feierabend. Ich muss auch mal für andere da sein. Und ich bin Mensch, ich habe meine Freunde, meine Familie und im Extremfall auch mal das Bedürfnis nach Schlaf." Das ist dann kein Problem. Niemand muss sich plagen oder knechten. Man muss einfach das Feeling dafür bekommen, dass die geistige Ebene all diese Dinge verlernt hat. Sie kennt keinen Schmerz, keine Müdigkeit und keinen Hunger. Aber sie weiß, dass wir Liebe und Freude brauchen, um das Leben lebenswert zu finden. Und dafür bekommen wir immer frei. Unser Pensum müssen wir erfüllen, das ist klar. Alle haben ein Budget.

Aber hat man sich mal dran gewöhnt, macht es auch Spaß. Wie viele Menschen sagen oft, sie seien viel bessere Nachtarbeiter. Das alles ist in der geistigen Arbeit möglich, bedingt aber größte Flexibilität. Oft haben die Abteilungsleiter auch ihre Marotten. Sie stellen sich jetzt gerade vor, dass die Gunst der Stunde schlägt, um uns energetisch auf ein neues Projekt vorzubereiten. Schlagartig überkommt uns Müdigkeit, wir stecken mitten im Hausputz, sind gerade beim Kartoffelschälen. Es schmerzt plötzlich an allen Ecken und Kanten. Dann heißt es loslassen, hinlegen, schlafen und mitmachen. Kein leichtes Leben, aber höchst interessant. Nichts für Leute mit Beamtendenken, Zweifler und Ausbüchser. Andererseits steht man ständig auf der Beförderungsliste, und man erhält neue und schwerere Aufträge. Das Zeitgefühl verliert sich. Man wird flexibel, unangepasst an den sonstigen Alltag, für Außenstehende teilweise unzurechnungsfähig und nicht mehr planbar. Diese Firma wird oft mit Kopfschütteln betrachtet. Vielen ist der Stress zu groß. Sie steigen aus oder gehen ganz schnell an der Pforte vorbei. Sie ziehen ihre Bewerbung zurück und wenden sich dem irdischen, augenscheinlich planbaren Leben zu. Die Frage ist nur: Sind sie glücklicher? Ich kann es mir nicht vorstellen. Da ich beide Seiten wirklich kennen gelernt habe, weiß ich, wo meine realen Chancen liegen. Mir ist eine vertrauensvolle unsichtbare Führung lieber als eine irdische, die mich nur als Mittel zum Zwecke betrachtet. Ihnen nicht auch? Wenn ja, kann ich nur sagen:

BEWERBEN!!

TEIL I
Die Grundlagen des Channelings

Da ich nun im Rahmen meiner Arbeit für die Weiße Bruder-schaft in der Abteilung „Channeling" beschäftigt bin, möchte ich mich für den Rest dieses Buches auch diesem Thema widmen. Mein Abteilungsleiter heißt *El Morya*. Aufgrund seiner Qualifika-tion ist er sozusagen der Hauptabteilungsleiter und gleichzeitig Mitglied des Vorstandes.

Nun können Sie sich vorstellen, was man für einen solchen Chef alles zu leisten hat. Viele Mitarbeiter der anderen Abteilun-gen bezeichnen ihn als hart, unnachgiebig, durchdringend mit seinem hellsichtigen Blick und fordernd. Das dürfen sie auch ruhig, sie müssen ja nicht für ihn arbeiten. Seine Mitarbeiter ha-ben ihn so akzeptieren und lieben gelernt. Sie fühlen sich wohl bei ihm, wenn sie alle Prüfungen bestanden haben und von ihm in ihre Arbeit eingewiesen wurden. Energisch und gleichzeitig liebevoll unterrichtend, führt er alle auf seine Weise. Er ist immer zu einem ernsten, aber auch humorvollen Wort aufgelegt. Er lässt uns allen freie Hand und gibt uns Spielraum zur Entfaltung. Wenn er jedoch merkt, dass wir uns auf den Lorbeeren ausru-hen wollen, dass wir den Ernst der Sache aus den Augen verlie-ren, wird er energisch. Dann verändert sich die Tonlage und er lässt uns spüren, auch dann noch mit viel Liebe, dass wir auf dem Holzweg sind. Er zeigt uns in aller Ruhe die Fehler auf, die wir gemacht haben, und gibt uns neue Lösungsvorschläge und Anleitung zum besseren Gelingen. So steigert er dann langsam aber sicher die Verantwortung des Einzelnen. Er führt uns auch an Risiken heran, vor denen wir dann nicht weglaufen dürfen. So lässt er uns herumdoktern, ausprobieren und tüfteln. Bevor es dann jedoch zum Chaos kommt, ist die rettende Hand wieder da. Das gibt Sicherheit, und so lernt jeder seine Grenzen kennen, um sich optimal beweisen und verwirklichen zu können.

So verfahren alle Meister, die sich in den verschiedenen Abteilungen mit ihren Mitarbeitern konstruktiv beschäftigen müssen. Allerdings muss man wissen, dass das Lernen bei dieser Art von Arbeit nie aufhört. Diese essentielle Arbeit ist von ständiger Evolution geprägt, von Wachstum und dem Willen, an sich zu arbeiten. Nur dieses harte Training bringt uns selbst der Position des Abteilungsleiters näher.

Nun zur eigentlichen Arbeit. Zunächst vielleicht ein paar Worte zu den verschiedenen Formen der medialen Arbeit im Rahmen des Channelings. Das Channeln kann auf ganz verschiedene Art und Weise erfolgen. Jedes Medium entwickelt im Laufe seiner langen irdisch-geistigen Ausbildungszeit seine ihm vor der Inkarnation übertragene Form des Channelns. Nun werden viele sagen: „Ja, aber es heißt doch immer, jeder ist sozusagen Kanal." Das stimmt auch. Jeder Mensch ist dazu geeignet und soll es auch erreichen, dass er ohne fremde Hilfe die Verbindung zu seinem geistigen Führer über das Höhere Selbst bekommt. Damit meinen wir aber nicht die Arbeit als Channel im Sinne eines Berufes. Wir sprechen ja immer noch von einer Firma. Wollen wir es einmal so sagen: Jeder Mensch, jedes Wesen legt ja vor seiner Inkarnation in Absprache mit seinen geistigen Helfern seine Lebensaufgabe fest. Diese Aufgabe gilt es im Laufe des Lebens zu entdecken und zu verwirklichen.

Die Kommunikation jedes Einzelnen mit der geistigen Führung ist eine grundlegende Basis für ein optimales Gelingen aller Projekte. Etwas anderes ist es aber nun, wenn ein Mensch mit der Aufgabe des Channelns ins Irdische entsandt wird. Das bedeutet dann, dass er sich mit Erlaubnis fremder Menschen mit deren Führung in Verbindung setzt, um ihnen zu helfen, ihre eigene Telefonleitung aufzubauen. Dafür muss die Grundlage geschaffen werden. Sie müssen behutsam mit allem vertraut gemacht werden, was für sie nicht greifbar und beweisbar ist. Das Vertrauen muss wachsen in etwas Unsichtbares. Auf diese Arbeit, die wirklich nicht leicht ist, muss ein Channel lange und gründlich vorbereitet werden. Hierzu gehört viel Menschenkenntnis, eine allumfassende Liebe, viel Geduld und Verständnis. Es ist nicht möglich, diese Arbeit irdisch zu erlernen. Ich möchte dies ganz intensiv betonen. Diese Form der geistigen Arbeit wird vor der Inkarnation festgelegt. Das Medium wird mit diesen Gaben geboren und entwickelt sie im harten irdischen Training. Erst wenn alle menschlichen Voraussetzungen geschaffen sind, wenn alle Selbstzweifel verblasst sind und das Vertrauen in den Abteilungsleiter besteht, wenn also der Auftrag gefunden und die Bewerbung angenommen ist, kann die Arbeit beginnen.

Dazu gehören noch viele andere Voraussetzungen, sowohl körperlicher als auch seelischer Natur. Die Chakren und feinstofflichen Körper müssen gereinigt und in Einklang gebracht werden, viel Karma muss bearbeitet und aufgelöst werden. Es muss eine Atmosphäre geschaffen werden auf allen Ebenen, die ein einwandfreies und ungestörtes Arbeiten gewährleistet. Ein Mensch, der stark körperlich und seelisch belastet ist, sei es durch Krankheit oder eine nicht funktionierende Partnerschaft, nur als Beispiel, wird nie so frei sein, sich auf einen anderen Menschen ohne Ego und Emotion einzustimmen. Er kann nicht fließen lassen. Eigentlich kann man sagen, das ganze Leben eines Mediums bis zum Beginn der eigentlichen Channel-Arbeit ist die Ausbildung, das Training, die Transformation des Egos.

Das Ego muss erhalten bleiben, sonst verliert der Mensch seine Lebenskraft. Es muss nur transformiert werden, um sinngemäß zu unterstützen und nicht zu manipulieren. Es gibt so viele Feinheiten, fast wie bei einem Uhrwerk, die eingestimmt werden müssen. Nur ein Beispiel: Die Stimmbänder des Mediums müssen ganz vorsichtig umgeformt werden. Die Stimme verändert sich je nach der Energie, die sich präsentiert.

Das Medium muss lernen, und das ist ein absolutes Muss, die Energien zu unterscheiden. Es lernt sich einzustimmen auf die Energie, Lichtkanäle zu bauen zu den hohen Ebenen, die Energie zu sehen, zu fühlen und zu riechen, je nach Form der Hellsichtigkeit. Es gibt hierfür keine allgemeine Regel. Grundlegende Voraussetzungen sind die intensive Bereitschaft zur geduldigen Meditation, zur sprechenden Stille, zum einsamen Hören der Stimme des Meisters, nicht zuletzt zum Gebet, zur Dankbarkeit und Demut. Viele dieser Aspekte kann man in keinem Seminar vermitteln. Es sind Charaktermerkmale, angeborene und mitgebrachte Bereitschaft zum Dienen, sowohl irdisch als auch geistig. Sie bestimmen das Lebenselixier des Mediums.

Varianten der Channels gibt es viele. So kennen wir die Arbeit im vollen Bewusstsein, in der Halbtrance oder in der Tieftrance. Meine Arbeit zum Beispiel schließt alle genannten Ebenen ein. Es kommt immer darauf an, woran ich gerade arbeite. Im Bewusstsein zum Beispiel schreibe ich jetzt gerade dieses Buch. Ein anderes habe ich ganz gechannelt. Hier muss ich ja meine Erfahrung niederschreiben, also muss mein Verstand eingeschaltet sein. Dort, wo es sehr tief geht, wo ich die Seele, das Unbewusste im Menschen, berühre, kann ich mit dem Verstand nichts mehr anfangen. Dann würde ich spekulieren. Hier werden mir sicherlich viele Medien widersprechen. Aber das stört mich nicht. Ich habe es so gelernt, und dabei bleibe ich.

Es hat lange gedauert, bis ich mich fallen lassen konnte, bis ich akzeptieren konnte, dass ich auch ohne meinen Verstand den Umgang mit Menschen pflegen kann. Es gibt Bereiche im Menschen, die niemand anderen etwas angehen. Und wenn nun ein Mensch mit diesem Bereich nicht mehr klarkommt, braucht er Hilfe. Diese Hilfe kann jedoch nur geistiger Natur sein, wenn sie ihm wirklich auf die Sprünge helfen soll. Bitte, all dies ist meine Überzeugung. Sie soll nicht wertend in bezug auf andere sein. Wäre es nämlich nicht so, könnte man doch jedem Menschen durch ein wohlwollendes Gespräch bei einer Tasse Kaffee die Lösung präsentieren. Aber der andere sieht es ja nicht so wie ich, und dann hat er auch noch seine vorgefasste und verfahrene Meinung von sich selbst. Ja, dann bin ich leider mit meinem Latein am Ende. Notfalls bleibt mir dann nur noch der Hinweis auf seine schlimme Kindheit, der Mangel an Liebe und das furchtbare Elternhaus. Dann kann er laufen und den nächsten Gesprächspartner suchen, der vielleicht noch eine Variante aus seiner Erfahrungskiste holt. Nein, das ist mir zu einfach. So geht es nicht. Zu schnell komme ich bei bestimmten Problemen an meine eigenen heran. Wie oft sagen wir: „Ja, genau, das ist mir auch passiert. Das habe ich dann so und so gemacht." Und schon beginnen wir diesen Menschen zu steuern. Wir suchen sozusagen eine Lösung. Wir wollen nicht sagen, wir manipulieren. Aber wir wollen ihm ja was Gutes tun. Er hofft doch auf unsere Hilfe. Dafür soll er ja auch noch bezahlen.

Also sind wir im Leistungsdruck. Spätestens dann schlägt unser Abteilungsleiter die Hände über dem Kopf zusammen. Hier will nämlich er agieren und uns weise an den Abteilungsleiter heranführen, der genau für diesen Menschen verantwortlich zeichnet, um ihn dann endlich aufzunehmen und seinen Auftrag finden zu lassen.

Das bedeutet, im Bewusstsein kann ich nur die Aktentasche hervorholen mit diesem Menschen, sie öffnen und ihn sanft und liebevoll suchen lassen. Sobald er den Auftrag in der Hand hält, muss ich ihn den Inhalt erkennen lassen. Da aber die Schrift oft geistig verschlüsselt ist, um ihn auch wirklich auf seine Beweggründe zu prüfen, müssen wir sie lesbar machen. Das kann ich nicht mit meinem Verstand.

Hier ist die geistige Ebene gefordert. Sie kennt den Menschen vom Beginn seines Ursprungs an. Alle Höhen und Tiefen aus längst vergangener Zeit, der Gegenwart und der Zukunft sind ihr bekannt. So kann sie sanft und liebevoll tadeln, zurechtweisen, kritisieren, aber auch loben und aktivieren. Alles geschieht so, wie es für genau diesen Menschen von Notwendigkeit ist. Niemand wird überfordert oder mit Dingen konfrontiert, die über sein momentanes Fassungsvermögen gehen. Diese Ebene ist eher zurückhaltend. Zeit für Ergänzungen und detaillierte Ansprache ist immer noch. Es geht in dieser Sphäre ja nichts verloren. Alles ist gleichzeitig präsent. Der Mensch hat den Begriff von Zeit und Raum geprägt, nicht die geistige Ebene. Alles, was ein Mensch noch zu bearbeiten und aufzulösen hat, kommt immer wieder an die Oberfläche. Es kann zu jedem beliebigen Zeitpunkt aktiviert werden. So gibt es keine Eile. Meister Kuthumi hat einmal gesagt: „Was ist schon ein Jahr? Ein Jahr ist ein Tropfen im Meer der Zeit! Bevor ihr in Panik verfallt, wenn sich die Ereignisse überschlagen, geht fünf Minuten in die Stille, lasst alles wirken, und dann erst entscheidet, was zu tun ist. Die fünf Minuten können die Situation ganz anders erscheinen lassen." Diese Theorie scheint zu stimmen, denn wie oft rennen wir kopflos durch die Gegend, wenn etwas Unerwartetes eintritt. Wir treffen Entscheidungen, die jeder Logik widersprechen. Würden wir die Ruhe bewahren, uns kurz „zurücklehnen" und in die Verbindung mit der Führung gehen, hätten wir eine ganz andere Perspektive der Dinge. Aber dazu ist der westliche Mensch ja nicht erzogen. Im Gegenteil, er wird ja noch auf Schnelligkeit getrimmt. Nur keine Zeit verlieren, jeder Handgriff muss sitzen, und so auch jeder Gedanke. Der Kontakt mit der geistigen Führung lohnt sich immer, gleich welche Situation sich ergibt. Und so bemühe ich mich in meiner Arbeit, mir möglichst viel Zeit zu nehmen, um diesem Menschen, der meine Hilfe bei dieser Art der Unterhaltung sucht, alle Chancen der optimalen Unterhaltung mit seinem Abteilungsleiter zu bieten.

Wie bereits erwähnt, wurde ich sehr lange auf diese Arbeit vorbereitet. Ich musste lernen, welchen Zustand ich in welcher Arbeitsphase erreichen muss und darf, um wertungsfrei und völlig neutral zu arbeiten. Der Zustand der Halbtrance zum Beispiel gibt mir die Gelegenheit, mich für eine gewisse Zeitspanne an die Dinge zu erinnern, die mir aufgezeigt wurden, so zum Beispiel Fakten und Bilder aus früheren Inkarnationen. Mein Gehirn behält diese Informationen für eine gewisse Zeitphase, und dann werden sie sozusagen gelöscht. Dafür bin ich sehr dankbar, denn auf dieses Erinnerungsvermögen verzichte ich sehr gerne. Es ist auch gleichzeitig ein Schutz für alle Beteiligten. Meine Klienten wissen, dass ich nicht mit den Dingen belastet bin, und ich kann mich wunderbar von ihnen distanzieren.

Ich lege nämlich großen Wert auf Lebensqualität auf allen Ebenen. So kann ich sie alle loslassen, wenn sie sich von mir verabschiedet haben und ein ganz normales Leben führen.

Ich muss sagen, die Arbeit im normalen TagesBewusstsein, die sich über eine relativ kurze Zeitspanne bei mir ausdehnt, ist für mich die anstrengendste. Ich muss mich immer wieder bemühen, meinen Verstand nicht einzubringen. Im Laufe der Zeit habe ich es gelernt, aber für Anfänger ist dies sehr gefährlich. Man läuft Gefahr, sich selbst zu sehr zu involvieren und zu engagieren. Ich müsste dann zu oft sagen: „Bitte, das ist meine Meinung, hier spricht mein Verstand, mein rationales Denken." Deshalb wurde diese Phase bei mir sehr beschnitten, es ist für mich wie ein Auftanken für die große Phase der Tieftrance, in der es richtig interessant wird. Sie bietet allen Beteiligten die optimale Verbindung zur geistigen Hierarchie. Aber gerade das muss und will gekonnt sein. Es muss trainiert werden.
Wenn alle Voraussetzungen und Spielregeln beachtet werden, kann nichts schief gehen. Das Medium selbst weiß, wie es sich anbindet an diese Ebene. Es wird in der Zeit selbst geschult, wobei es immer noch die Kontrolle über die Dinge behalten muss. Ich muss sagen, ich arbeite auch mit Klienten, bei denen ich in der Tieftrance und auch schon vorher merke, dass sie aggressiv werden. Wenn sich ihr Wunschdenken nicht erfüllt, wenn man ihnen nicht das Lebensrezept schlechthin präsentiert, sinkt die Stimmung bis in den Keller. Dann stehe ich in etwa einem Meter Entfernung und kontrolliere die Situation, um gegebenenfalls schnell wieder im Körper zu sein. Bei sehr spirituellen, gefassten Menschen kann ich mich absolut fallen lassen, aus dem Körper gehen und die geistige Energie sogar genießen.

Es macht Freude, die Energie der einzelnen Aufgestiegenen Meister zu fühlen, zu sehen, als Farbstrahl wahrzunehmen und in ihre grenzenlose Liebe eingehüllt zu sein. Es ist wie ein Heimkommen, ein Glücksgefühl feinster Nuance. Für meine Klienten ist es der direkte Kontakt mit dem Führer, um hier letztendlich vom Begriff des Abteilungsleiters wegzugehen. Hier ist keine heilige Ehrfurcht gefordert, sondern eine Zwiesprache, die eben aufgrund meiner Tieftrance ohne Hemmungen und Scheu geführt werden darf. Niemand anders kennt den Inhalt dieser Momente. Es ist wie ein Abkommen, das endlich erfüllt wird. Nach oft langer Zeit des Suchens findet man endlich das Gehör und die Worte, die Aufschluss geben über vieles, was man vielleicht über Jahrzehnte nur ahnte. Es ist eine Basis des Vertrauens, die aufgebaut wird, um offen und ehrlich zu kommunizieren. Hier habe ich als Mensch nichts verloren. Ich bin hier wirklich nur der Kanal, die Telefonleitung mit Lautsprecher. Es geht mich nichts an, was hier geschieht. Dieser Mensch hat seine Akasha, sein Lebensbuch, und nur er ist berechtigt, die sonst verschlüsselten und verborgenen Informationen zu erhalten. Wir alle sollten vor dieser Tatsache einen großen Respekt haben. Ich würde mich hüten, hier eine gewisse Neugier zu entwickeln. Es geht uns alle nichts an, was ein Mensch mit seinem Meister oder Führer besprochen hat. Hierzu aber später noch mehr.

Die Tieftrance birgt nur dann eine Gefahr, wenn sich solche Menschen ohne Training und Berechtigung mit Energien verbinden, die nicht für diese Art der Kommunikation geeignet sind. Zu diesen Energien gehört der gesamte niedere Astralbereich, in dem sich Seelen befinden, die erdgebunden sind, die nicht losgelassen werden usw. Und genau hier liegen oft die Probleme. Menschen beginnen einfach zu pendeln, mit Tischchen zu rücken, „automatisch" zu schreiben usw. Oft ist es Gott sei Dank nur das eigene UnterBewusstsein, das sie tückt und an der Nase herumführt. Es kann aber auch anders verlaufen. Das ist dann bedeutend dramatischer, denn diese Energien, die fremd sind, kann man nicht mehr zurückschicken, es sei denn, man hat genaue Fachkenntnis. Oft wird es ja lange Zeit nicht bemerkt. Jeder Mensch, der sich öffnet, ohne zu wissen, ob er dazu schon bereit und geschult ist, kann angreifbar und steuerbar sein.

Ich weiß, es geht eine gewisse Faszination von all diesen Dingen aus. Aber sehr schnell merkt man, oder auch nicht, dass diese Energie eigentlich nicht mehr Wissen hat als man selbst. Dann ist aber oft schon eine Abhängigkeit gegeben. Und eines steht fest: Für sich selbst kann man nie etwas tun. Ich selbst habe lernen müssen, mit meinem Führer nur über Gedanken und Impulse zu sprechen. Alles andere wird vom Ego und vom Wunschdenken beeinflusst. Wir haben nun mal einen Verstand, den wir nicht auf Knopfdruck ausschalten können. Hier hilft nur der veränderte Bewusstseinszustand, die Trance.

Ich möchte hier nicht kritisieren oder andere Medien in ihrer Wertigkeit herabsetzen, aber ich wurde von der geistigen Welt ohne Diskussion davon in Kenntnis gesetzt, dass ich mich von Verstorbenen zurückzuhalten habe. Dies gilt, wie gesagt, für mich. Es leuchtet mir aber auch ein. Jede Seele, die das irdische Kleid ablegt, hat eine neue Aufgabe. Sie wandert in ihre Ebene gemäß ihrer Voraussetzungen, wird dort geschult und auf eine neue Inkarnation vorbereitet. Wenn wir sie nun dauernd auffordern, uns für Auskünfte zur Verfügung zu stehen, hat sie denkbar schlechte Chancen, am Ball zu bleiben. Als wir in die Schule gegangen sind, mussten wir das Schuljahr durchziehen.

Es gab Ferien, die waren zum Erholen. Dann ging es im vollen Tempo weiter. Wenn die Zeugnisse gut waren, wurden wir versetzt. Aber das, was dann kam, war nur noch schwerer. Wir hatten noch weniger Freizeit, mussten mehr und mehr auf das Spielen verzichten. Es war eine Selbsteinschätzung gefordert. Wir mussten nein sagen zu den Spielkameraden, die uns zum Faulenzen verführen wollten. Ansonsten gab es Nachsitzen oder Sitzenbleiben.

Genauso verläuft die Existenz auf der geistigen Ebene. Wir haben kein Recht, die Seelen, die dort verweilen, für unsere Zwecke zu beanspruchen. Sicherlich lieben sie uns, wollen Kontakt mit uns, aber erst dann, wenn sie genug gelernt haben, den anderen ein wenig voraus sind. Dann bekommen sie Freistunden, in denen sie freiwillig zu uns kommen dürfen, um uns liebevoll zu unterstützen. Aber das spüren die wenigsten von uns. Es ist ein unsichtbares Helfen und Arbeiten in absoluter Demut. Damit steigern sie sich in ihrem Bewusstsein. So arbeiten ja auch die Meister, bevor wir uns ihrer bewusst werden. Alles verläuft nur in der Stille.

Ich habe allerdings auch Fälle, in denen Verstorbene mitkommen, weil sie einfach nicht loslassen können, aus welchem Grund auch immer. Oft sind Dinge ungeklärt, seien es Erbschaften, Emotionen, Schuldgefühle und vieles mehr. Ich nehme sie wahr, erkläre den Klienten meine Wahrnehmung und bespreche mit ihnen, was zu tun ist. Sehr häufig besteht auf beiden Seiten noch eine große Trauer und keine der Parteien vermag loszulassen. Dann kommunizieren wir über das konkrete Thema. Die Seele darf sich äußern, aber hier nur über das Pendel, um dem Angehörigen zu helfen, die Dinge zu klären. Dann stellt sich eine gewisse Erleichterung auf beiden Seiten ein. Wie oft sind es Kleinigkeiten, einfache Dinge des täglichen Lebens. So war es einmal eine Brille oder ein Bild, was unnötig aufbewahrt wurde. Ist alles geklärt, kann sich die Seele verabschieden und beruhigt gehen. Ich entlasse sie dann aber auch, kontrolliere, ob sie gegangen ist, und erst dann beginne ich mit der eigentlichen Arbeit.

Niemals würde ich diese Seele dazu benutzen, für den Menschen, der mir gegenübersitzt, Fragen zu beantworten oder Auskünfte zu geben. Sie kann es auch nicht, da sie ja noch bis vor kurzem auf dem gleichen Niveau wie wir alle war. Wo soll sie denn das Wissen hernehmen? Es kommt natürlich immer darauf an, auf welchem Niveau sich die Arbeit vollzieht, die im Rahmen einer solchen Sitzung gemacht wird. In meiner Arbeit geht es ja um den geistigen Fortschritt des Menschen, um höhere Ziele, die Lebensaufgabe, das Potenzial, das in ihm steckt. Wir wollen nicht abchecken, wie zu Hause das Wohnzimmer aussieht oder ob der Treffer im Lotto abzusehen ist. Nichts gegen diese Form der Arbeit, aber ich denke, mit einem Hauch normalem Menschenverstand kann man sich diese Fragen selbst beantworten. Wir haben nicht mehr viel Zeit, um nach vorne zu kommen. So sollten wir alle diese Gelegenheiten nutzen, um das zu erfahren, was uns noch hemmt, was uns schon Jahrtausende belastet, was uns aber auch positiv zur Verfügung steht und fördert. Um diese Informationen zu bekommen, müssen wir nun mal in eine hohe Ebene gehen, die auch die Erlaubnis hat, uns das preiszugeben, was uns sonst verborgen bleibt.

Physische und psychische Voraussetzungen auf beiden Seiten

Wollen wir nun zunächst einmal auf die Vorbedingungen eingehen, die für eine optimale Zusammenarbeit mit mir und der geistigen Ebene möglichst erfüllt sein sollten. Niemand soll sich überfordert fühlen, aber es liegt mir daran, jedem die Gelegenheit zur sinnvollen Vorinformation zu geben, damit auch ein effektives Ergebnis erzielt werden kann. Man muss es nämlich so sehen, dass es in meinem Bereich oberstes Gesetz ist, keine Abhängigkeit zu schaffen. So wäre es mein größter Wunsch, dass alle Menschen, die einen solchen geistigen Dienst in Anspruch nehmen, bei welchem Medium auch immer, anschließend in der Lage wären, ihren geistigen Weg vollbewusst, vertrauensvoll und alleine zu gehen. Dazu gehören allerdings eine gute Vorbereitung, starke Mitarbeit, Öffnung, und vor allem die Beachtung der Konsequenzen, die sich aus allem ergeben.

Nun mag es gelegentlich sein, dass dieses Ergebnis je nach der Form des Channelings nicht unbedingt erreichbar ist. Auch in meiner Arbeit geht das nicht immer. Es gibt Menschen, deren Problematik in der aktuellen Lebensphase so gravierend ist, dass sie mit all den Informationen schlichtweg überfordert sind. Sie brauchen die weitere Betreuung und Hilfestellung, bis sie so stark und bewusst geworden sind, dass man die Hand loslassen kann. Aber das muss man dann auch tun, so schwer es oft auch fällt, denn wir alle sollen doch selbständig und eigenverantwortlich durch unser Leben gehen. Wir können nicht von anderen Menschen abhängig sein im Sinne unserer Lebensführung und Lebensziele.

Um diesen Zielen gerecht zu werden, muss man sich viel Mühe geben. Jeder Mensch ist anders gelagert, erzogen, gebildet, mit Problemen konfrontiert und mit einem anderen Potential ausgerüstet. So muss sich ein Medium auf jeden einzelnen Menschen neu einstellen. Es gibt keine Schubladen oder Raster, in die man sie alle einordnen kann. Der Mensch ist ein Individuum, so einzigartig wie seine Fingerabdrücke. Es gibt ihn nur einmal in dieser Form, mit all seiner Jahrtausende alten Vergangenheit, seinen Ängsten und Sorgen und seiner liebenswerten Art. All das muss das Medium an sich heranlassen, ohne Wertung, Ablehnung oder auch Bevorzugung. Es muss sozusagen leer sein, neutral.

Am liebsten ist mir, wenn ich nichts weiß von einem Neuling. So bin ich frei und kann mich fallen lassen in seine Ausstrahlung und in seine Aura. Er oder sie führt mich an sich heran, lässt mich alles für die Arbeit mit der geistigen Ebene vorbereiten. Dafür darf jedoch auf beiden Seiten keine Angst oder Unsicherheit vorhanden sein. Kommt jemand nur aus Neugier, fehlt die Bereitschaft zur konstruktiven Arbeit. Selten wandelt sich dieser Zustand während der Sitzung oder danach. Zwar ist ein Samen gelegt, die Dinge arbeiten im Menschen, aber selten geht der Samen so auf, dass man ihn pflegen und wachsen lassen kann. Aber auch das muss man akzeptieren und gelassen hinnehmen lernen.

Der Mensch muss sich also öffnen, mich an sich heranlassen. Deshalb gibt es bestimmte Verhaltensweisen, die man wirklich berücksichtigen sollte. Ich rate allen Interessenten, nur in absoluter Topform zu kommen, das heißt, nicht in krankem oder müdem Zustand. Selbst eine kleine Erkältung sollte von einem Besuch abhalten. Die Aufnahme der Informationen ist dann nicht mehr korrekt gegeben. Auf jeden Fall sollte man vor einer solchen Sitzung auf den Genuss von Alkohol verzichten, möglichst auch auf schweres Essen. Je leichter der Mensch ist in seiner ganzen Form, umso besser ist die Aura erkennbar und die Verbindung herstellbar. Schwarze Kleidung ist auf jeden Fall zu vermeiden, auch braune Farben oder Grau. Ich musste schon Klienten bitten, schwarze Jacken, Pullover und ähnliches abzulegen. Diese Farben zerstören die gesamte Ausstrahlung eines Menschen, sie wirken auf mich wie ein Block, der sich zwischen uns schiebt. Aber dies ist ja für die meisten Menschen, die einigermaßen eingeweiht sind in die verschiedenen Formen der geistigen Arbeit, nichts Neues.

Jeder, der sich mit der Chakrenlehre auseinandersetzt, hat dies als Basiswissen verinnerlicht. Gerade um den Chakrenzustand zu erkennen, ist dies alles sehr wichtig. Das ist Teil meiner Arbeit. Der Zustand der Chakren, der einzelnen feinstofflichen Körper ist zunächst für die Menschen sehr wichtig und interessant.

In diesem Zusammenhang muss ich auch ein Grundwissen in Bezug auf die Chakren, ihre Farben, Positionen und Funktionen bei den Menschen voraussetzen. So lernen sie sich vorab in ihrer feinstofflichen Art kennen und verstehen. Es nützt nämlich nichts, wenn ich einen Menschen mit seinen Lebenszielen und seinem geistigen Führer konfrontiere und er weiß noch nicht einmal, wo seine Probleme und Blockaden sitzen, die ihn von alldem seit langer Zeit fernhalten. Wir besteigen das Pferd sozusagen von vorne. Zunächst brauchen wir das Rüstzeug, damit wir fest im Sattel sitzen und losziehen können. Sonst ist der Absturz vorprogrammiert.

Bei mir muss jeder Klient dazu bereit sein, sich mit allen zu ihm gehörenden Aspekten im Spiegel der Erkenntnis zu betrachten. Nur dann kann ihm klar werden, was er falsch macht, was ihn stört und wo er beginnen kann, an der Situation zu feilen und zu korrigieren. Ich kann den Menschen nicht nur ihre Vorzüge und Talente aufzeigen. Wir alle machen Fehler, haben unsere Macken und schleppen unsere kleinen Gemeinheiten mit uns herum. Nicht immer sind nur die anderen schuld an unserer Misere. Was uns betroffen macht, sind immer unsere eigenen Aspekte. Die anderen sind nur unser Spiegel. Also müssen wir hineinschauen. Und wie blind ist dieser Spiegel oft. Schichten von Nebel, Altlast und schmierigen Fingerabdrücken verhindern jeden Blick in das Gesicht, das am Anfang war, geschaffen von einer unendlichen Liebe und Göttlichkeit, rein und ohne Kummerfalten. Und hat man erst einmal poliert, ein wenig weggekratzt, muss man auch noch erkennen, dass man von einer Maske angegrinst wird, von einem Gesicht, das man gar nicht kennt. Man schaut als Frau hinein, und plötzlich sieht man das Gesicht eines Mannes, eines Kindes, schmerzverzerrt, leidend, uralt, verhärmt, oder viel schöner als man selbst, zufrieden und ausgeglichen. Und dann fällt die Maske, verflixt schon wieder ein anderes Gesicht, das bin ich doch nicht, wo finde ich mich denn überhaupt wieder? Ja, dann sind wir schon ein ganzes Stück weiter.

Spätestens hier beginnt der Einstieg in die tiefere Bewusstseinsarbeit der Menschen. Hier müssen sie sich wirklich selbst ins Gesicht schauen. Ich kann es ihnen nicht abnehmen. Selbst wenn ich es wollte, dürfte ich es nicht. Wir haben es hier nämlich mit den karmischen Aspekten des Menschseins zu tun. Wie wir alle in der Zwischenzeit wissen sollten, ist jedes Individuum für all das verantwortlich, was ihm geschieht. Wichtig in diesem Zusammenhang ist die Tatsache, dass ein Mensch, der sich mit mir in diese Form der Eigenarbeit begibt, grundsätzlich an die Wiedergeburt, also den Begriff des Karmas, glaubt. Es fehlt mir die Zeit, um diese Dinge glaubhaft und plausibel zu machen. Sie müssen sich eingeprägt haben, und sie müssen vom Menschen selbst angenommen und akzeptiert sein. Es nützt uns nichts, wenn jemand mit der Einstellung erscheint: „Ich lebe nur einmal, und dann ist alles vorbei." Wie soll ich einem solchen Menschen bei der Erkenntnis seiner Grundthematik helfen, wenn er sich sein heutiges Leben in einem Rückblick, der unschwer zu halten ist, erfolglos angeschaut hat? Deshalb bitte ich alle Klienten im Vorfeld, sich über diese Themen Gedanken zu machen und sich eingehend zu informieren.

In diesem Zusammenhang verweise ich auf mein erstes Buch, das im gleichen Verlag mit dem Titel „El Morya: Was ihr sät, das erntet ihr" erschienen ist. Ich muss dieses Wissen und auch diese Überzeugung voraussetzen. Alles andere ist sonst schlichtweg Zeitverschwendung.

Dazu kommt dann der Aspekt des Beweises. All die Dinge, die geistig vorhanden und gelagert sind, kann man nicht beweisen. Sowohl die Weiße Bruderschaft als auch das Karma als solches sind nicht direkt beweisbar. Alles geschieht einzig und alleine über die Eigenerfahrung, das Selbststudium. Dazu gehört natürlich Mut, aber diesen Schritt und die Bereitschaft dazu kann ich niemandem abnehmen. Das will ich auch nicht, denn dadurch sagt ein Mensch zum ersten Male „ja" zu sich. Dann kann er auch die Konsequenzen tragen. Wir können auch die Religion nicht beweisen. Aber da sagen die Menschen, das ist ihr Glaube. Der Glaube aber ist ihnen doch anerzogen. Wer kann denn beweisen, dass Jesus gelebt hat? Wer war denn von uns dabei? Ich erlebe es oft, dass die Menschen sagen, wenn ich von der Weißen Bruderschaft spreche: „Ja, aber ich **glaube** doch an Gott." Warum glauben sie es? Weil man sie so erzog? Ich kann mich im Heute in der Erziehung gegen alles wehren.

Nein, die Wurzeln liegen oft viel tiefer. Sie alle haben ihre Erinnerung im UnterBewusstsein, in der Seele. In den seltensten Fällen wird diese Theorie angenommen. Ich sage dann immer: „Ich glaube auch an Gott, aber in der mir eigenen Art. Ich sehe ihn nicht als Mann mit Bart, der nur darauf aus ist, uns für jeden Fehltritt zu bestrafen. Er ist für mich reine Liebe, Energie, das Zentrum all dessen, was wir suchen." Und dann gehe ich in die Erklärung der Firma. Dann können sie ihn als Oberhaupt, als Konzernchef, akzeptieren, und dann verstehen sie auch, dass es die Abteilungsleiter geben muss.

TEIL II
Die Vergangenheit der Seele – das Karma und die Reinkarnation

So ist auch der Glaube an die Reinkarnation nicht anerziehbar. Er ist freiwillig, denn er resultiert aus der Erfahrung. Leichter haben es oft die Menschen, die eine Nahtoderfahrung gemacht haben. Sie wissen, es gibt mehr, als nur dieses kleine, kurze Dasein. Aber diese Erfahrung wollen wir niemandem wünschen. Es geht auch einfacher. Da ich nun durch lange Eigenarbeit selbst die Erfahrung gemacht habe, dass es oft besser und gewinnbringender ist, sich im eigenen Spiegel zu betrachten, lag es mir auch am Herzen, den Menschen bei diesem Schritt nach besten Kräften zu helfen. Es ist nicht leicht für mich. Dennoch ist jeder kleine Erfolg für mich ein großer Lohn. Es gibt nichts Interessanteres, als einem Menschen den „roten Faden" all seiner Leben aufzuzeigen, an dem er sich unter Umständen schon Jahrhunderte lang entlanggehangelt hat.

Der Aha-Moment tritt spätestens dann ein, wenn Situationen auftauchen, die sich in längst vergessenen Kulturen und Epochen abspielten, die jedoch heute in neuer Form wieder existieren. Das Thema ist dasselbe, die Menschen, oder sagen wir: die Seelen, sind dieselben, nur die Welt hat sich weiter gedreht, die Uhr ist nicht stehen geblieben. Wir suchen uns einfach nur die neue Zeitphase, die neue Familie, das neue irdische Kleid aus. Die Thematik bleibt erhalten, bis wir sie begriffen und gelöst haben.

Es ist oft faszinierend, wenn man beobachten kann, wie fast hörbar der Groschen fällt. Oft wechseln sich Erstaunen, Freude, Entsetzen und Enttäuschung ab. Die Gesichter sagen alles. Wie oft höre ich: „Ich habe bestimmt mal in Ägypten gelebt oder in Atlantis. Ich muss ein Priester gewesen sein mit ganz hohen Kräften." Und dann kommt ein Leben als kleiner Bauer, der nichts im Sinn hatte, als seinen Nachbarn aus Neid mit der Mistgabel zu erstechen. Oft höre ich im Fernsehen in Diskussionssendungen, wenn das Thema „Esoterik" drankommt, alle würden behaupten, sie hätten nur tolle Leben gehabt, als Napoleon, Kleopatra usw. Niemand würde was anderes von sich erzählen.

Da kann ich ganz anderes berichten. Würde man mit den Menschen grundlegend arbeiten, hätten solche Gerüchte keine Chance. Aber ich muss auch sagen, dass die Menschen, die mit mir in die Arbeit eingestiegen sind, gar kein Interesse mehr zeigen, sich so zu profilieren. Ihnen vergeht zunächst das Lachen, sie müssen sich anschauen in kleinen, oft miesen Situationen und Leben, gebeutelt von Krankheit, Kummer und Leid, um sich heute akzeptieren zu können. Ich habe schon einige Klienten aufgefordert, doch über all ihre Erfahrungen zu schreiben, sie als Hilfestellung für andere offen zu legen. Viele haben Angst, sich lächerlich zu machen. Sie fürchten, nicht ernstgenommen zu werden.

Nun ist es natürlich so, dass ich den Menschen nicht einfach etwas erzählen kann wie aus einem Märchenbuch. Ich kann auch nicht etwas erahnen. Dann müsste ich sie ja ausfragen. Nichts gegen Psychologen, bitte richtig verstehen, aber diese Fragetechnik habe ich nicht erlernt. Sie würde mir auch nicht helfen, denn ich könnte ja nur das erfragen, was die Menschen schon wissen. Das bringt uns dann kaum weiter. Also muss es eine Variante geben, die mich von der Erzählkunst meiner Klienten unabhängig macht, denn auch sie haben Fantasie. Wenn ihnen nichts mehr einfällt, lassen sie sich was einfallen. Das ist mir zu simpel und zu unbefriedigend. So verzichte ich auf großes Parlieren und bitte den Menschen, sich einfach nur zu öffnen und fallen zu lassen. Er muss der geistigen Ebene so die Erlaubnis erteilen, ihm die karmischen Gegebenheiten bewusst zu machen. Ich bitte meine geistige Führung dafür um volle Unterstützung. Erst dann wird mir stattgegeben. Die Akasha, das Lebensbuch dieses einen Menschen, wird langsam und vorsichtig geöffnet.

Als Akasha-Chronik bezeichnen wir das Lebensbuch einer jeden Seele, die existiert. Sie enthält alle Gedanken, Worte und Taten der Vergangenheit, Gegenwart und Zukunft. Nur die geistige Ebene hat die Möglichkeit, uns darin Einblick zu gewähren. Und deshalb müssen wir auch das akzeptieren, was uns präsentiert wird. Also ist jede Form der Manipulation ausgeschlossen. Es wird einzig und alleine auf den Menschen Rücksicht genommen. Es erscheint das, was ein Mensch verkraften und verarbeiten kann. All das bezieht sich auf den jetzigen Moment. Wir sehen, was jetzt zu bearbeiten ist, was ansteht, was an die Oberfläche will, um aufgrund des Lebensplanes bearbeitet zu werden. Ein Schritt nach dem anderen.

Ein einfaches Beispiel: Wenn ich in früheren Leben oder auch im heutigen ständig missbraucht wurde oder andere missbraucht habe, kann ich nicht erwarten, dass ich fähig bin, eine glückliche Partnerschaft oder ein erfülltes Sexualleben zu erleben. Das hört sich vielleicht hart und brutal an, aber wer es erlebt hat, gibt mir Recht. Die vergangenen Geschehen schieben sich wie eine dunkle Wolke vor all das, was das Leben bereichert und lebenswert macht. Machen wir uns nichts vor, all das gehört dazu. Ich kann mir Gefühle nicht erkaufen. Man kann sie nur reparieren und neu beleben. Und wenn sie einmal getötet wurden, muss ich sie zum Leben erwecken. Aber das geht nicht über den Verstand. Dazu gehören eben nun mal die Seele, das Herz und die Emotion.

Um all dies optimal bewusst zu machen, werde ich von El Morya für diese Arbeitsphase in eine Volltrance versetzt. Er ist der Meister der Akasha-Chronik und berechtigt, sie zu öffnen. Ich nehme zwar genau wahr, dass ich mit seiner Energie eine Verbindung eingehe, allerdings ist eine persönliche Teilnahme am Geschehen meinerseits ausgeschlossen. All dies wurde, wie schon geschildert, über lange Zeit eingeübt. Ich musste lernen, die Energien zu unterscheiden, sie aufzunehmen und auch wieder loszulassen. Das ist ein langer Prozess, der auch mit vielen körperlichen Regulierungen einhergeht. Nicht alle halten das durch. Das Medium muss ja trotzdem immer noch wissen, was es macht.

Hat er meinen Körper erfasst, wobei ich diesen Prozess nun einmal außer acht lassen möchte, wird der Kehlkopf umgeformt. Das spüre ich körperlich. Es ist aber nicht unangenehm. So ändert sich dann auch meine Stimmlage, sie passt sich seiner Energie an. Oft erschrecken die Menschen etwas, wenn sich plötzlich eine männliche Stimme mit ihnen unterhält. Aber all das ist Gewohnheitssache. Beim zweiten Mal ist man schon darauf vorbereitet. Es geht dann in eine offene und ehrliche Kommunikation zwischen ihm und dem Klienten.

Dann beginnt El Morya, die karmischen Punkte zu erklären. In der Regel bespricht er in kurzen und prägnanten Worten zwei, manchmal auch drei Inkarnationen. Dabei zeigt er die wichtigsten Phasen der Leben auf, damit die Erkenntnis wachsen kann. Wichtig ist zu beachten, dass es sich hier nicht um eine Reinkarnationsanalyse handelt. Das Karma ist noch nicht gelöst. Es ist lediglich eine Erkenntnis, um dann später konkret mit den ausgebildeten Fachleuten daran zu arbeiten. Sehr oft können die Menschen sofort konkrete Querverbindungen zu Situationen und Menschen im Heute herstellen. Somit wird der rote Faden erfasst. Oft kann man aus seinen exakten Schilderungen gezielte Dogmen und Sätze heraushören, die über Jahrhunderte prägend waren. Schuldgefühle, die man sich selbst im Todesmoment auferlegte, oder die man auf seine Widersacher übertrug, schleichen noch heute als Parolen durch die Gegend. Alte Versprechen, Schwüre, Gelübde geistern durch die Köpfe - wohlgemerkt im UnterBewusstsein - um eingelöst zu werden. Aber seltsamerweise will niemand mehr davon etwas wissen. Wem kann ich das nur heute noch aufs Auge drücken?

Auch die sogenannten verdrängten Phasen des heutigen Lebens sind interessant und werden gegebenenfalls angesprochen. Die frühe Kindheit, die Geburt, die pränatale Phase oder auch die eigene Zeugung hinterlassen oft die seltsamsten Eindrücke oder Verhaltens- und Denkmuster.

Ich möchte an dieser Stelle einmal die Gelegenheit nutzen und über den Kindesmissbrauch sprechen. Nach allem, was ich bislang erlebt und gesehen habe, kann ich nur sagen, dieses Thema ist so alt wie die Menschheit. Wir sollten uns damit abfinden, so schlimm es auch ist, dass der Mensch sich schon immer damit befasst hat. Also wehret den Anfängen und nicht der „neuen" Erkenntnis, die sich nur so lautstark präsentiert, weil in der heutigen Zeit eine nie da gewesene Medienwelt die Herrschaft hat. Früher gab es keine Zeitung, kein Fernsehen, kein Radio und keine Möglichkeit, sich seine Pornos selbst zu drehen. Es gab nur die Handlung, die schon immer allem vorausging. Und wer sich einmal bereit erklärt, zu erleben, wie viele Frauen oder auch Männer in der Ehe missbraucht und vergewaltigt wurden und werden, wo auch noch die Kultur die Berechtigung dazu gibt, dem vergeht das Schreien nach einer Gerechtigkeit, die nur vom Innenleben des Menschen gesteuert werden kann. Kein Gericht der Welt wird diese Vergehen unmöglich machen, da sind wir uns doch einig. Die Seele des Menschen gibt Aufschluss über die Hintergründe seines Verhaltens, und diese müssen kuriert und beseitigt werden.

Sehr interessant sind auch die Momente, wenn historische Persönlichkeiten zu Tage treten, oder auch Gegebenheiten, die uns oftmals gar nicht bekannt sind. Ich habe mich in der Zwischenzeit bis zur Halskrause eingedeckt mit historischen Büchern, Lexika und allem Möglichen, um oft etwas nachlesen zu können und eine Bestätigung zu erhalten. Es ist erstaunlich, wie treffsicher die Informationen kommen.

Wichtig ist immer, dass man den Menschen erklärt, dass sie diese historische Persönlichkeit nicht waren. Würde dies immer und überall korrekt geschehen, könnte man viele Irrtümer verhindern. Es wird ja niemand ernstgenommen, der durch die Gegend läuft und behauptet, Geronimo oder van Gogh, bestenfalls Jesus oder Maria gewesen zu sein. Dann ist der Gang in die Nervenheilanstalt eingeleitet. Die Zwangsjacke wird schon gebügelt und man hat sich ein für allemal geoutet. Wollen wir es, ohne tiefgehend darauf einzugehen, denn das können Reinkarnationstherapeuten viel besser, so erklären, dass ein Mensch gegebenenfalls bestimmte Bewusstseinsanteile einer solchen Person zeigt und lebt. Vielleicht lebte man damals im Umfeld dieses Menschen, man hat teilgenommen an seinem Erfolg oder an seiner Misere. Die Emotionen waren so stark und tiefgehend, dass sie das eigene Leben prägten. Man scheiterte mit ihm, zum Beispiel im Krieg oder im gemeinsamen Tun. Dazu kommt die Möglichkeit der geistigen Schulung zwischen den Inkarnationen, in denen man dieser Seele begegnet sein kann. So passt der mitgenommene Anteil genau in die heutige Lebensaufgabe, um sich durchaus positiv zu gestalten.

Ich greife hier zurück auf viele Mitteilungen der Aufgestiegenen Meister, von denen ich profitiere, denn auch ich bin anfangs gestolpert und war verwirrt. Vieles wurde mir von Saint Germain erklärt, der ja nun speziell die Aufgabe der Karmaauflösung und der Transformation übernommen hat. Es ist alles glasklar zu überschauen, man muss nur nachfragen. So erklärte er mir diese Dinge. Laut seiner Aussage sind wir dort die direkte Reinkarnation, wo wir keinen Namen erfahren. Dort haben wir alle Anteile nochmals übernommen, die aufgelöst werden müssen. Wir sind also nochmals als „ganze" Person gekommen.

Eine weitere Variante, die ich im Laufe der Zeit feststellen konnte, ist die, dass eine Seele mit mehreren verschiedenen Anteilen inkarniert sein kann. Das Höhere Selbst sendet sozusagen zwecks schnellerer Karmaauflösung mehrere Anteile aus. So kann ein Mensch in Deutschland leben mit einer speziellen Aufgabe, und ein anderer Anteil seiner Seele existiert zum Beispiel in Amerika. Beide sind eine Persönlichkeit für sich, jedoch verkörpert jeder von ihnen bestimmte Werte und Karmaanteile eines einzigen Bewusstseins, die schnellstmöglich aufgelöst werden sollen und müssen. Im Grunde genommen können wir

48

uns sozusagen selbst begegnen. All das geschieht freiwillig, da wir ja alle größten Wert darauf legen, die irdische Reise so bald wie möglich zu beenden. Das tun wir zumindest im Unbewussten.

Faszinierend in diesem Zusammenhang war für mich schon mehr als einmal die Erkenntnis, was geschieht, wenn nun einer dieser Anteile versagt oder außerplanmäßig ins Jenseits befördert wird. Bitte nochmals meine erklärende Anmerkung, dass ich all diese Dinge während meiner Arbeit so wahrnehme. Auch erhalte ich auf Nachfrage dann die für mich gültigen Erklärungen. Im übrigen bin ich mit einer Reinkarnationsanalytikerin befreundet, die mir all die von mir erkannten Aspekte grundsätzlich aus ihrer realen Erfahrung bestätigt.

Nehmen wir ein einfaches Beispiel:

Ein etwa vierzigjähriger Mann lebt sein ganzes Leben lang friedlich in Deutschland. Er hat seine schulische Laufbahn gut hinter sich gebracht, arbeitet als Beamter in einer sicheren und gut bezahlten Position. Weiterhin ist er verheiratet, führt eine relativ gute Ehe, hat zwei Kinder und wartet auf die Rente. Sein Hobby ist Briefmarkensammeln. Nicht dass Sie nun meinen, ich hätte etwas gegen Beamte, um Gottes willen, es geht mir nur um das Beispiel.

In der Realität ist das alles viel komplizierter und schwieriger durchschaubar, aber höchst interessant. Jetzt nehmen wir einmal an, die karmische Aufgabe dieses Mannes läge darin, sein Gemüt im Zaum zu halten, weil er früher einmal sehr aufrührerisch gewesen ist. Er hat vielleicht als Spieler alle über den Tisch gezogen, war Alkoholiker und hat täglich zweimal Frau und Hund verprügelt.

Nun lebt in Amerika ein anderer Mann, der als Privatdetektiv arbeitet, ein Hallodri wie Don Johnson. Die Frauen wechselt er wie die Hemden. Geld und Angst hat er nie. Seine Hobbys sind Pferderennen und Drachenfliegen in den Rockys. Außerdem stürzt er sich jede Nacht ins Getümmel von Las Vegas. Die karmische Aufgabe dieses Mannes könnte nun sein, für Recht und Ordnung mit zu sorgen, eine Familie zu gründen und Vater von drei Kindern zu werden. Er sollte einmal aus sich herausgehen, seine Freiheit zu genießen, aber er scheint auch über die Stränge zu schlagen. Er setzt sich zu vielen Gefahren aus und benutzt die Menschen, wie es ihm gerade passt. Eines Tages gerät er in eine Schießerei, weil er einem anderen Mann die Frau gemopst hat. Er wird tödlich ins Herz getroffen und stirbt. Die Lebensaufgabe als solche wurde also nicht erfüllt, und außerdem starb er aufgrund einer nicht ganz gesellschaftsfähigen Einstellung, wie immer man es betrachten mag.

Nun wandern diese Bewusstseinsanteile zurück ins Geistige in Richtung Höheres Selbst. Im Astralen, wo wir nachts mit unserem Bewusstsein weilen, treffen wir alle unsere Anteile, um Kriegsrat zu halten. Was geschieht also in diesem Falle? Unser Beamter steht wie gewohnt pünktlich wie die Uhr parat, um alle seine Anteile wohlwollend zu begrüßen. Er möchte wissen, wie es dem Ami geht, ob er sich langsam einmal zähmen lässt. Mit Entsetzen muss er dann jedoch feststellen, dass dieser genau an dem Tag das Zeitliche gesegnet hat. Er hat sich also viel zu früh vom Irdischen verabschiedet.

Was bedeutet das nun für die gesamten Anteile? Ein Teil hat versagt oder wurde dazu gezwungen - dies ist im übrigen auch beim Selbstmord der Fall - so dass er im Grunde genommen wieder neu inkarnieren muss, um den Rest zu bereinigen.

Im Klartext heißt das, es vergehen im günstigsten Fall wieder circa vierzig Jahre, oder noch viel mehr, bis eine erneute Karmaauflösung gegeben ist. Denn machen wir uns nichts vor: Für eine neue Inkarnation müssen alle Gegebenheiten vorhanden sein, wie Familie, Landeskarma usw. Für die übrigen Anteile bedeutet das, sie müssen alle eine zusätzliche Wartezeit in Kauf nehmen für ihren eventuellen Aufstieg. So beginnt eine intensive Verhandlung darüber, was zu tun ist. Unser Beamter nun findet sein Leben sowieso ein wenig langweilig. Er könnte mal etwas Abwechslung gebrauchen. Doch ist er sich der Gefahren und Auswirkungen durchaus bewusst. Aber er sagt sich, komme was wolle, ich nehme jetzt diese Anteile des Amerikaners mit, denn ich traue mir die Doppelbelastung zu. Mein Stress hält sich in Grenzen, außerdem lebe ich in einer viel gesitteteren Kultur, was kann mir schon passieren? Und so hängt er sich sozusagen aus dem Fenster.

Und nun können Sie sich vielleicht vorstellen, wie dieser Mann am nächsten Morgen aufwacht. Der kennt sich selbst und seine Verwandten nicht mehr. Es ist kein Witz, es ist oft genug tatsächlich passiert, zwar nicht in einem solchen Fall, sondern anders gelagert. Dieser Mann könnte aus dem Bett aufstehen wollen wie gewohnt, aber er schafft es nicht, weil er höllische Herzschmerzen hat, die vorher nie existent waren. Er muss zum Arzt gehen, und plötzlich wird ein Herzfehler festgestellt. In der Folge ist er so konfus, dass er an seinem Schreibtisch sitzt und sich fragt, was er hier eigentlich seit Jahren treibt. Er hat keine Lust mehr auf diese Arbeit, er möchte raus, was erleben. Schon immer haben ihm Krimis gut gefallen. Wieso ist er nicht Polizist geworden? Könnte man noch umschwenken? Und dann das ewige langweilige Leben zu Hause, keine Abwechslung. Eigentlich könnte man mal eine rauchen oder mal so richtig einen draufmachen. Und dann die blöden Briefmarken. Sport müsste man treiben, hat der Arzt ja auch gesagt. Schon früher hatte er Interesse an Fallschirmspringen. Aber ob das jetzt noch geht mit diesen Herzproblemen?

In der Regel nennt man solche Momente „Midlifecrisis". Es geht ihm viel zu gut, er soll mit dem zufrieden sein, was er hat. Es geht ihm doch gut. Eben nicht! Aus ihm wurden im UnterBewusstsein plötzlich zwei Menschen, die sich einen Körper teilen müssen. Würde man nun an die Ursache herangehen, wären die Dinge schnell gelöst. Vielleicht entstünde eine gesunde Mischung aus Beamtem und Filou, wer weiß.

Ich wollte hier nur ein Beispiel prägen. Es gibt so viele Varianten dieser Art.

So ist es auch möglich, dass Zwillinge im Mutterbauch ähnliche Maßnahmen ergreifen. Sie müssen sich oft trennen, aus welchem Grund auch immer. All das würde hier zu weit führen und ist auch nicht Sinn dieses Buches. Aber glauben Sie mir, oft übernimmt dann der bleibende Teil die Aufgaben und Lernprogramme von beiden. Oft kämpfen die Menschen dann Jahrzehnte mit den Anteilen, die eigentlich gar nicht zu ihnen gehören. Wird es dann erkannt, lösen sich viele Probleme.

Die Gegenwart
Erkennen und Umsetzen des Alten im Heute

Zu Beginn meiner Arbeit wird mir in einem Halbtrancezustand auch die Aura des Menschen gezeigt. Jeder Mensch nimmt die Aura auf seine Weise wahr. Viele meinen immer, sie müssten Farben und Formen sehen. Ich möchte das gar nicht, da es mich im Alltag zu sehr belasten würde. So habe ich meinen Meister seinerzeit gebeten, mir die Dinge nur während meiner Arbeit zu zeigen, und wenn ich darum gebeten werde. So kann ich dann Farben zuordnen, der Mensch strahlt sozusagen in diesem Moment seine Aura aus.

Interessant war es einmal, als eine Klientin kurz vor unserer Sitzung ein Aura-Bild hatte anfertigen lassen. Sie zog es hervor, und es stimmte genau mit meiner Schilderung überein. Ich nehme sozusagen das eigene seelische Umfeld dieses Menschen wahr. Anders kann ich es schlecht bezeichnen.

Bei Frauen kann ich zum Beispiel sehen, ob sie Fehlgeburten oder Abtreibungen hatten, wenn sich die Seelen noch nicht ganz gelöst haben. Man sieht auch den Sinn der noch bestehenden Verbindung. Bei Männern und Frauen nehme ich auch wahr, ob noch eine Seele zur Inkarnation bereitsteht. Sie ist dann in unterschiedlicher Entfernung sichtbar, je nach Intensität des Kinderwunsches oder der damit existierenden Gedankenströme.

Gleichermaßen sehe ich, ob lebende Personen mental in die Sitzung mitgekommen sind, oder ob Verstorbene noch nicht ganz losgelassen haben. So kann man dann zunächst einmal alles reinigen. Alles, was in der Sitzung nichts verloren hat, wird weggeschickt und eines Besseren belehrt. Es ist oft eine intensive Vorarbeit erforderlich, um auch letztendlich die Intimsphäre dieses Menschen zu gewährleisten. Erst dann, wenn ich wahrnehme, dass wir wirklich alleine sind, können wir alles in Ruhe besprechen. Vieles wirkt dann auf die Menschen oft sehr ernüchternd. Sie werden vieler Illusionen beraubt. Deshalb ist es auch so wichtig, dass ich nur mit Einzelpersonen arbeite. Das heißt, da, wo es um solche Dinge geht. Gruppenarbeit gestaltet sich ganz anders. Aber hier geht es einzig und alleine um die Person, die mir gegenüber sitzt. Lasse ich eine zweite Person zu, besteht immer die Gefahr, dass sich die Auren vermischen, sich die Gedanken kreuzen oder die Emotionen zu stark werden. Dann kann ich keine reinen Ergebnisse versprechen. Niemand nimmt sich so zurück, dass er eigentlich nicht präsent ist.

Eine der wichtigsten Momente ist der, wo wir im Heute den roten Faden erkennen. Man kann Inkarnationen durchwandert haben, die uralt sind und längst versunkenen Kulturen angehören. Die Thematik ist immer die gleiche, bis sie aufgelöst ist. Was sich ändert, sind lediglich Kultur und Epoche. Es geht also darum, zu erkennen, welche Denk- und Verhaltensmuster heute so präsent und aktiv sind wie zu anno dazumal. Dabei ist es vollkommen egal, ob wir in einem Leben ein kleiner Otto Normalverbraucher oder ein König waren. Letzten Endes sind wir alle gleich. Diese Vorstellung, endlich aus einem Dornröschenschlaf aufzuwachen, ist völlig unangebracht.

Ich höre oft den Satz: „Ja, aber wenn wir uns doch nur steigern können, wieso lebt man dann einmal als Edelmann, und in einem späteren Leben ist man dann ein Bettler?" Das ist ganz einfach zu beantworten. Es kommt doch einzig und alleine auf die Thematik an. Das irdische Kleid, der Stand und die Etikette spielen dabei keine Rolle. Wenn ich eine bestimmte Lernaufgabe nur als Bettler erledigen kann, dann muss ich mich in einem

Leben auf dieses Niveau begeben. Für diesen Menschen mag es dann durchaus in Ordnung sein. Wir müssen uns lösen von den anerzogenen gesellschaftlichen Vorurteilen. Nicht jeder Edelmann benimmt sich auch so, wie es sein Niveau verlangt.

Wichtig ist einzig und alleine, dass wir im Heute lernen und erkennen, welche Fehler, aber auch positiven Dinge wir einmal inszeniert haben, die uns heute im UnterBewusstsein begleiten und auch lenken. Hier arbeiten wir nur mit dem UnterBewusstsein des Menschen. All das, was die Seele schon lange kennt und bearbeiten will, weshalb wir inkarniert sind, wird uns nach und nach präsentiert. Diese Arbeit ist wie ein Spiegel, den wir den Menschen hinhalten.

Der nächste wichtige Punkt ist, zu erkennen, dass die alten Gegebenheiten, die uns gezeigt werden, sich im Heute auf ihre Art und Weise wiederholen, so wie es die jetzige Epoche zulässt. Auch die alten Widersacher, Freunde und Begleiter sind wieder zu finden. Also kann man sagen, dass Umfeld, Umstände, Denken und Handeln wie ein Abdruck oder wie das Negativ eines alten Films neu belichtet werden und im heutigen Glanz erstrahlen. Zwar nicht immer gerade im besten Lichte, aber klar und deutlich erkennbar.

Das ist faszinierend. Man sieht praktisch, dass nur die irdischen Kleider gewechselt wurden. Der Staub, der alte Geruch und die Motten sitzen aber noch drinnen. Die Reaktionen, die ich dabei erlebe, sprechen für sich. Es gibt Menschen, die sich sofort mit allem identifizieren. Auch wenn ihr Schicksal nicht gerade von Erfolg gekrönt ist, sind sie froh und zuversichtlich, endlich den Hebel in der Hand zu haben, der zunächst einmal umgelegt werden muss. Andere weigern sich mit voller Inbrunst, auch nur ansatzweise in den Spiegel zu schauen. Es ist ihnen zu kompliziert. Aber das nützt ihnen nichts.

Eines muss man ganz klar erkennen. Sobald das UnterBewusstsein mit sich selbst konfrontiert wird, beginnt es zu arbeiten. Dabei spielt es keine Rolle, ob wir ihm in der Folge Aufmerksamkeit schenken oder nicht. Es macht seine Arbeit von ganz alleine. Wenn wir es aufwecken, ihm die alten Bilder präsentieren, braucht es nicht unseren Verstand, um daran zu arbeiten. Genau hier liegt dann späterhin oft das Problem. Die Menschen legen ihre Erkenntnisse sozusagen ab in der Sparte „alte Kamellen", „nicht so wichtig, wird später bearbeitet". Spätestens dann legen sie sich selbst aufs Kreuz.

Die Dinge nehmen auch ohne unseren Verstand ihren Lauf. Das UnterBewusstsein will die alten Kämpfe endlich beenden, es will jetzt Klarheit schaffen. Es freut sich, dass unser begrenzter Verstand endlich einen lichten Moment hatte.

Es ist vergleichbar mit der Situation eines kleinen Kindes, das endlich kapiert hat, wie es sich selbst den Fernseher einschalten kann. Dann eröffnet sich eine völlig neue Welt. Es liegt also immer nur an uns, wie wir all diese Informationen nutzen. Für mich persönlich ist es wie eine Gnade, dass wir so viele Einblicke bekommen in uns selbst, in unsere Natur. So sollten wir auch mit Respekt damit umgehen. Aber dazu später noch mehr.

Etwas Interessantes ist mir im Laufe der Zeit aufgefallen. Es gibt Phasen, in denen wir uns wie im Turnus in gewissen Epochen und Kulturen bewegen. So kam es zum Beispiel vor, dass wir in kurzen Abständen sehr häufig mit der Inquisition, der Christenverfolgung, der Zeit der Essener, der Templerzeit usw. konfrontiert wurden, ohne dass wir uns persönlich explizit mit diesen Themen beschäftigt hätten. Später wurde mir dann plötzlich klar, dass bestimmte Menschen zum fast gleichen Zeitpunkt an diese Dinge herangeführt werden mussten, um sozusagen ein Massenkarma in Gang zu bringen und so seiner Auflösung zuzuführen. Das ist höchst interessant zu verfolgen. Zwar sind mir dann die exakten Zusammenhänge nicht mehr in der Erinnerung, aber ich weiß, dass sich die Themen zeitweise häufen. Es sind dann praktisch Eckpfeiler, die gesetzt werden müssen, um das Gerüst vollständig zu erstellen. So muss ich sagen, dass die Thematik von Atlantis ständig in neuem Gewand auftaucht, was zu beweisen scheint, dass wir alle in massivster Form an diesem Kuchen knabbern.

Zu einem gewissen Zeitpunkt muss man dann allerdings versuchen, von der Vergangenheit in die Gegenwart überzugehen. Wir leben im Heute. Damit müssen wir fertig werden. So liegt es auch auf der Hand, dass wir nur das aus der Akasha-Chronik erfahren dürfen, was für das Heute wichtig ist. Wir sollen ja Fortschritte machen. Dazu ist es wichtig, dass wir den Ist-Zustand erkennen und damit umgehen lernen. Dazu zählen viele Faktoren, die man im Rahmen einer solchen Arbeit erarbeiten kann und muss. Dieser Mensch soll ja von sich ein möglichst komplettes Bild als aktuelle Bestandsaufnahme erhalten. So wollen wir versuchen, ein Puzzlestück nach dem anderen einzufügen, so dass es uns möglich wird, den Kern zu erfassen, der dann die Möglichkeit zum Wachstum bietet. Am Ende soll eine gefestigte und sich selbst erkennende Seele stehen, die frei und zielsicher ihren Weg zum Aufstieg gefunden und beschritten hat. Ob sie das Ziel erreicht, liegt dann ganz alleine an ihr.

Diese Puzzlestücke, wie ich sie nenne, haben vielseitige Farben und Bezeichnungen. Auf alles möchte ich nicht eingehen. Nur um ein paar zu nennen: Lebensaufgabe spiritueller

Natur, Potenzial, Charaktermerkmale - eben all das, was uns zur Bewerbung bei der anfangs angesprochenen Firma befähigt. Es ist eine umfangreiche Beschreibung dieser Seele, wobei ich noch einmal betonen möchte, dass ich die Menschen immer wieder bitte, all die Informationen für sich zu werten und gemäß ihrem freien Willen zu integrieren. Dies geschieht auch in allen Fällen.

Ein anderer wichtiger Punkt im Rahmen meiner Arbeit ist die Erkenntnis, wer mit den Menschen geistig zusammenarbeitet. Wir alle haben ja unsere Helfer, sprich unseren Abteilungsleiter und sonstige Betreuer im Geistigen, die uns helfen wollen, am Endprodukt „Aufstieg" mitzuarbeiten.

Wie bereits erwähnt, kommen wir hier nun in den Bereich des Vertrauens, denn diese Dinge sind keineswegs beweisbar. Das Einzige, was erkennbar und nachvollziehbar ist, sind die Ergebnisse, die sich oft nach langer und mühsamer Eigenarbeit abzeichnen. Ich kann in diesem Sinne nur den Schlüssel liefern, der diese geistige Tür öffnet. Dann muss ich den Menschen loslassen. Er muss die Tür öffnen, sich in bisher unbekannte Gefilde begeben, sich mit ganz neuen Kontakten anfreunden, sich informieren über die Dinge, soweit es ihn interessiert, und an sich arbeiten.

Diese Ebene im Geistigen zeigt uns auch immer wieder, dass sie existiert. Wir lernen, uns in ihre Energie und Liebe fallen zu lassen. Aber die Grundvoraussetzung ist Vertrauen und Geduld. Die Prüfungen sind hart. Man will schon sehen, ob wir auch durchhalten, wenn schlechte Zeiten kommen, oder ob wir gleich das Handtuch werfen. Aber zu all den Konsequenzen aus dieser Arbeit später noch mehr.

Einen gewissen Punkt muss ich an dieser Stelle nochmals ganz besonders betonen: Reine Neugier und Profilsucht sind in dieser Arbeit unangebracht. Die Dinge sind zu tiefgreifend und emotional wirksam, als dass man sich dem einfach einmal hingeben kann. Ich möchte vor einem Konsum des Spirituellen warnen. Hier glaube ich für alle seriös arbeitenden Medien zu sprechen. Da, wo alles nur an der Oberfläche bleibt, mag es zutreffen, dass man sich das alles einmal gönnt. Aber dort, wo die Seele beansprucht wird, wo eine intensive spätere Bewusstseinsarbeit gefordert ist, zu der man sich im übrigen ja dann selbst entscheidet, gehört eine große Portion Selbstvertrauen, Mut zur Eigenarbeit und Geduld dazu. Es ist auch eine Frage der Ethik, ob man sich immer wieder an verschiedenen Orten eine Bestätigung einholen muss, oder ob man lernt, in das Erfahrene zu vertrauen. Alle diese Wege kann einem niemand abnehmen. Nur sollte man sich vorher der Dinge bewusst sein. Der eigene Wille entscheidet.

Kommunikation mit der geistigen Ebene

Ein weiteres großes Teilgebiet meiner Arbeit ist die Kommunikation mit der geistigen Ebene. Diese geschieht wiederum in Volltrance, in der ich zwar genau wahrnehme, mit welcher Energie ich jetzt eine Verbindung eingehe, die persönliche Teilnahme am Geschehen allerdings meinerseits ausgeschlossen ist. Das bedeutet, ich verbinde mich mit der geistigen Führung meines Klienten, indem ich seinem Geistführer Zugang zu meinem Körper als Kanal verschaffe.

Hat das Geistwesen dann meinen Körper erfasst, geht es in eine offene und ehrliche Kommunikation zwischen Meister und Schüler, wie wir es nennen.

Alles, was wichtig ist, wird angesprochen. Ich selbst kann mich später aber an nichts erinnern. Dafür bin ich dankbar, denn so habe ich die Gewähr, dass die Menschen sich auch wirklich öffnen, da sie Vertrauen in meine ausgebildete Verschwiegenheit haben können. Nennen wir es eine Belehrung, die von geistiger Seite aus erfolgt. Oft erlebe ich, dass die Menschen nachher berichten, sie hätten überhaupt keine Fragen mehr stellen müssen. Es sei so gewesen, als hätte ihr Führer schon alles vorher gewusst und beantwortet. Das ist nicht immer der Fall, denn wir müssen auch lernen, uns klar und deutlich zu definieren und auszudrücken. So lassen sie uns oft alles selbst formulieren. Aber die Menschen spüren, dass das, was sich jetzt mit ihnen beschäftigt, sie ganz genau kennt und ihrem Bewusstsein entsprechend behandelt.

Viele Menschen sind bei mir schon über den Ausdruck „Belehrung" gestolpert. Es hat für sie den Beigeschmack des Maßregelns. So ist es aber nicht zu sehen. Es ist eine Ansprache der Seele, die uns zeigen soll, dass wir diesem Wesen nicht fremd sind. Es stellt sich vor, nimmt Bezug auf die alte Bekanntschaft zwischen beiden und teilt ihm wichtig erscheinende Impulse mit. So wird eine Basis des Vertrauens geschaffen, die in keinem Falle blinde Ehrfurcht und unabdingbare Folgsamkeit erzeugen will. Im Gegenteil, stets wird der freie Wille betont, und dass nur der reine Wunsch besteht, mit dieser Seele geistig zu arbeiten. Es wird klar, dass diese geistige Ebene dem Menschen einen großen Respekt zollt. Man bedankt sich für den Willen, diesen Kontakt zu knüpfen. Es wird nicht einfach vorausgesetzt. Ich spüre dann richtig die Freude, die auf der geistigen Ebene herrscht. Dennoch kommt man sehr schnell auf den Punkt. Es folgen klare, strukturierte Aussagen, die auch manchen seiner Illusionen berauben, das muss man ganz klar sehen.

Sehr klar und deutlich wird auf die übernommene Lebensaufgabe eingegangen, es werden durchaus erreichbare Ziele gesetzt.

Stets wird immer wieder der freie Wille betont, die geistige Hilfe wird auf allen Wegen angeboten. Aber es ist kein Smalltalk im Sinne einer Teestunde. Dafür sind die Zeit und die Energie zu kostbar. Meine Energie reicht nur für eine begrenzte Zeit, um diese Verbindung herzustellen. So muss in der Kürze der Zeit sehr viel gesagt und getan werden. Hat der Führer dann alles geäußert, was ihm wichtig erschien, bekommt der Schüler noch die Gelegenheit, bis dahin unbeantwortete Fragen zu stellen. Hier muss ich sagen, sollte man sich auf das Wesentliche beschränken. Vordergründig soll das eigene, geistige Fortkommen in Betracht gezogen werden. Wir erfahren so viel über unsere Ziele, Aufgaben, Talente usw., dass wir Wert darauf legen sollten, den Dingen noch mehr auf den Grund zu gehen. Es bietet sich selten genug die Gelegenheit zur direkten Kommunikation mit der geistigen Ebene. Deshalb rate ich immer zur direkten, präzisen und sachlichen Fragestellung. Man sollte sich bewusst sein, dass die Meister nur solche Fragen beantworten, die wir mit unserem derzeitigen Bewusstsein nicht selbst beantworten können.

Hüten sollte man sich vor Testfragen und erfundenen Problemen. Erstens ist es ein Vertrauensbruch, und zweitens werden die Dinge so behandelt, als wären sie tatsächlich präsent. Dadurch versäumen wir wertvolle Zeit, die nicht mehr sinnvoll genutzt werden kann. Hier lernt man, dass das gesprochene Wort wirkt und Gültigkeit hat. Es geht nicht darum, ob der Meister erkennt, dass wir flunkern und er uns zurechtweisen muss. Diese Stufe ist zu niedrig. Es geht darum, zu lernen, dass sich jedes Wort, jeder Gedanke manifestiert und seine Handhabe sucht. Wenn ich in meinem Alltag eine Lüge produziere, sie in die Welt setze und andere Menschen damit aufhetze, habe ich auch Erfolg, obwohl die Dinge gar nicht so gelagert sind.

So wird uns vieles bewusst. Die geistige Ebene geht total auf uns ein. Sie zeigt uns, dass das, was wir selbst schaffen, ob ehrlich oder unehrlich, seine Wirkung hat. So kann ich nur immer wieder darum bitten, ehrlich sich selbst gegenüber zu bleiben. Im Zuge dieser Arbeit werden uns auch sinnvolle Grenzen gesetzt.

Es gibt Themen, die unantastbar und tabu sind. In diese Kategorie fallen zunächst einmal sämtliche gesundheitlichen Aspekte. Auf karmische Dinge wird ja nun von Haus aus eingegangen. Aber Behandlungsmethoden, Heilversprechen und medizinische Auskünfte sind nicht zu bekommen. Es wird immer wieder auf die wertvolle Medizin verwiesen, wobei es ja dann nicht heißt, dass sie auch so sinnvoll angewendet wird. Aber das ist ein anderes Thema.

Menschen, die sich in pyschologischer Behandlung befinden, sollten auf diese Art der Arbeit verzichten. Sicherlich könnte man hilfreich unterstützen, aber es wäre zuviel des Guten. Auch müsste man da mancherorts ein anderes Verständnis in punkto Zusammenarbeit, ähnlich wie in England, voraussetzen. Hier muss ich dann im Vorfeld ablehnen.

Ähnlich verhält es sich in Bezug auf Auskünfte zu dritten Personen, die nicht anwesend sind. Es gibt Fälle, in denen notwendige Hinweise erfolgen. In der Regel tragen diese dann zur schnelleren Karmaauflösung bei. Wir müssen es uns jedoch so vorstellen, dass die Akasha-Chronik eines jeden Wesens, das in Betracht gezogen wird, geöffnet werden muss, um Einblick zu erhalten. Stimmt nun diese Seele diesem Vorgang nicht zu, aus welchem Grund auch immer, gibt es keine Möglichkeit, etwas zu erfahren. Und das ist gut so. Wir sind keine Auskunftei. Auch im Geistigen gibt es Datenschutz. Ich habe es schon oft erlebt, dass die Menschen dann enttäuscht, ja nicht zuletzt verärgert waren. Für mich zeugt das nur von einem Mangel an Toleranz und Respekt der Würde des anderen gegenüber. Wir haben kein Recht darauf, uns in das Intimste eines anderen Menschen einzumischen. So müssen wir lernen, Distanz zu üben und Schweigen zu respektieren. Es ist immer nur zu unserem Besten.

Gerade in diesem Punkt wurden mir schon die tollsten Dinge nachgesagt. Es wurde schon gemutmaßt, ich wäre ja gar nicht in Trance, und wenn es mir dann zu unbequem würde, dürfte keine Auskunft gegeben werden. All das ist lächerlich und anmaßend. Mich soll und kann es gar nicht interessieren, was gesagt wird. Mein Ego hält sich vollkommen zurück. Wer weiß, wäre ich mit meinem Verstand präsent, würde ich es vielleicht sehr positiv sehen, würde eine Auskunft gegeben. Wir können mit unserem kleinen Menschenverstand überhaupt nicht erfassen, welche Tragweite eine unberechtigte Auskunft haben kann. Sie kann den natürlichen Karmaabbau vollends zunichte machen.

Immer wieder wird mir dadurch bewusst, wie wichtig für mich in diesem Zusammenhang die Tieftrance ist. Sie verhindert jede Form der Manipulation.

Fragen, Antworten und Wahrnehmung

Ein weiterer Punkt sind die materiellen Fragen, das heißt Fragen zu Geld, Reichtum, Berühmtheit. Ich habe es ja auch mit Menschen zu tun, die nach dem Hochmut tief gefallen sind oder denen der Absturz droht. Diese Form der Materie ist für die geistige Ebene ohne Wert. Der Mensch hat eine Maßeinheit geschaffen, um all das, was ihm zur Verfügung steht oder was er schafft, in eine Wertung zu bringen. Das ist ja auch in Ordnung, denn es müssen Leistung und Gegenleistung vorhanden sein, Geben und Nehmen.

Allerdings müssen wir auch die Fakten, die dadurch entstehen, die wir auch selbst schaffen, seien es Schulden, Abhängigkeit oder Reichtum, selbst managen. Die geistige Ebene kann nicht dafür da sein, unseren Schuldenberg zu verringern oder noch mehr Geld zu scheffeln, um unsere ausgefallenen Wünsche zu befriedigen. Egal wie, wir haben uns die Situation immer selbst geschaffen. Also müssen wir sie auch bewältigen.

Auch wenn die Umstände karmisch bedingt sind, müssen wir diese Phasen durchlaufen. Wir bekommen zwar Hinweise, wenn dies möglich ist, aber oft ist die Situation so verfahren, dass vieles Theorie ist und bleibt, denn Geld ist Macht, und wenn sie über uns ausgeübt wird, ist auch die geistige Ebene oft machtlos, so wie wir. Sind wir unschuldig in eine Misere geraten, wird uns daraus auch kein Karma entstehen. Viele Menschen verlieren ihre Arbeit, fallen durch das soziale Netz und müssen sich verschulden. Ein Spieler aber, der seine Sucht nicht bekämpfen will, wird sicherlich seinen Topf auslecken müssen. Wie soll ihm die geistige Ebene da helfen?

Also, wir müssen realistisch sein in dem, was wir fragen und womit wir diese wertvolle Energie konfrontieren. Leider habe ich oft das Gefühl, dass der notwendige Respekt vollends abhanden gekommen ist. Für mich persönlich ist dieser Kontakt sehr wertvoll.

In diesem Zusammenhang möchte ich auch auf die Form der Fragestellung zu sprechen kommen. Mir ist dabei sehr intensiv aufgefallen, wie achtlos wir mit unserer Sprache umgehen. Wir sagen oft Dinge daher, deren Wirkung wir gar nicht richtig einschätzen können. Es wird geplappert, und oft merken wir gar nicht, wie sehr wir jemanden mit einem Wort verletzen können. Genauso verhält es sich mit der Fragestellung. Es ist sehr wichtig, genau darauf zu achten, wie man eine Frage stellt. Betrachten Sie die Auskünfte wie eine ganz starke Quintessenz aus einem großen Ganzen. Sie müssen genauestens auf die Fragen abgestimmt sein. Ein einfaches Beispiel:

Frage:

Ist es für mich sinnvoll, eine Reinkarnationstherapie zu machen?

Antwort:

Ja, dazu raten wir, denn das Karma wird dann schneller aufgelöst. Warte, bis sich der Impuls zeigt.

Frage:

Ist es für mich notwendig, jetzt eine Reinkarnationstherapie zu machen?

Antwort:

Nein, noch nicht direkt, da wir noch feinstoffliche Veränderungen vornehmen müssen, die dann eine schnellere Bearbeitung zulassen.

Sie sehen, wie wichtig es ist, sich genau zu merken, wie man gefragt hat. Im ersten Fall ist es eine generelle Frage, wobei es im zweiten Fall schon konkret zu werden scheint. Deshalb bitte ich die Klienten immer, sich die Fragen im Vorfeld zu notieren.

Ich weiß, Sie werden jetzt sagen: Das ist aber alles kompliziert. Das stimmt, es resultiert auch alles aus meiner Erfahrung heraus. Aber wir müssen lernen, für alles, was wir tun, die Verantwortung zu übernehmen. So lernen wir, dass jedes Wort und jeder Gedanke eine Auswirkung hat. So wird man vorsichtiger in seiner Ausdrucksweise. Es ist alles eine Schulung des Geistes.

Wo wir schon von der Ausdrucksweise sprechen, möchte ich es nicht versäumen, kurz auf die Art der einzelnen Meister einzugehen.

Meine Erfahrung hat mich gelehrt, dass es auch in der Kommunikation mit ihnen verschiedene Phasen gibt, die sie oft in einem anderen Lichte erscheinen lassen. Ich habe es tatsächlich erlebt, dass Klienten beim zweiten Besuch meinten, sie hätten an diesem Tag mit einem anderen „Wesen" kommuniziert, nur weil die Energie eine andere Anrede gewählt hatte. Das ist mehr als verwunderlich, denn wer sich nur an der Anrede orientiert, hat den gesamten Sinn nicht verstanden. Der allgemeine Tenor, die generelle Ausdrucksweise muss stimmen, und zwar vom Inhalt her. Niemals darf ein Zwang auftauchen oder eine bestimmte Form des psychischen Druckes. Wir sagen ja auch einmal „Guten Tag" oder „Hallo", je nachdem, wie uns zumute ist. Auch die Art der Konversation kann einmal etwas emotionsgeladener oder auch strenger wirken. Es kommt immer darauf an, woran wir gerade selbst kauen. Aber eine gewisse Vertrautheit zeigt sich immer.

Wir müssen uns auch einmal ein strenges Wort sagen lassen, ohne gleich in der Eitelkeit gekränkt zu sein. Diese Art der Strenge ist trotzdem liebevoll und sanft führend. Im gewissen Sinne werden wir ja noch erzogen, oder sagen wir besser: geführt. Das klingt dann nicht so nach Druck. Manchmal sind auch die Streicheleinheiten ein wenig dürftig, dafür dann ein anderes Mal umso intensiver. Fragen wir uns doch einfach nur, wofür wir die wertvolle Zeit am sinnvollsten nutzen. Mir persönlich ist es lieber, ich bekomme klare und konkrete Hinweise, also knappe Antworten, als ein Lob hier und ein Küsschen da.

Es kommt natürlich auch immer auf die Meisterenergie an, die uns begleitet. Bei manchen Meistern fühlt sich die Energie auch härter an als bei anderen. Gerade die weiblichen Energien sind sehr weich und lieblich. Sie haben fast Angst zu verletzen. Bei den männlichen Energien gibt es vieles zu bemerken. Ich spüre es am Kehlkopf, an der gesamten Energie, die meinen Körper erfasst. So drücken sie sich manchmal auch dementsprechend aus, oder sie gehen sehr gradlinig auf die Dinge zu. Das erscheint uns dann oft ein wenig hart und unnachgiebig. Aber lassen Sie sich sagen, sie alle haben es nicht leicht, uns zu erreichen. Und wenn sie es dann endlich einmal geschafft haben, müssen sie die knappe Zeit nutzen, um uns möglichst viel zu sagen. Dennoch fühle ich immer eine große Freude darüber, sich endlich kundtun zu dürfen.

In diesem Zusammenhang möchte ich noch ganz kurz auf die visuelle Vorstellung von diesen Energien eingehen. Da erlebe ich die unterschiedlichsten Reaktionen. Ich selbst kann die Energie mit dem Dritten Auge sehen, ich kann sie fühlen oder auch riechen. Sie äußert sich visuell in Pastellfarben, in Formen, teilweise sehe ich sie als wunderschöne Wesen. Leider kann ich nicht malen. Aber die bemerkenswerten Bilder von Armando de Melo entsprechen auch meiner Wahrnehmung von ihnen. Seine Art der Darstellung ist die schönste, menschlichste und exakteste, die mir bisher begegnet ist.

Dennoch muss ich immer wieder feststellen, dass die Menschen ganz verschieden reagieren. Für einzelne ist es vollkommen gleichgültig, ob es eine Form der Wahrnehmung gibt. Sie sehen keine Energie, also brauchen sie auch keine visuelle Darstellung, was ja letzten Endes auch korrekt ist. Geistige Energie hat insofern keinen Körper, da sie ja nur aus Licht besteht. Aber dennoch ist der Mensch ein Wesen der Sinne und kann sich oft so besser anbinden. Andere brauchen wirklich die Darstellung als Bild, als Amulett oder Symbol. Das beste Beispiel ist immer noch Jesus, Maria oder die Engel.

Für mich persönlich zählt die Energie, die Kraft, die sich mir zeigt. Ich weiß, dass ich nur damit umgehe.

Arbeit mit Gruppen

Bevor ich auf das Thema Konsequenzen dieser Arbeit eingehe, möchte ich noch meine Erfahrung im Sinne der Gruppenarbeit schildern. Ich habe vor einiger Zeit damit begonnen, mit Gruppen von Menschen im Rahmen des Channelings zu arbeiten. Dazu muss ich sagen, dass es eine sehr schöne Arbeit sein kann, wenn man alle notwendigen Maßnahmen trifft. Genauso kann es aber auch daneben gehen, wenn die Voraussetzungen dafür nicht geschaffen werden.

Die Bildung von Gruppen zum Zwecke der geistigen Zusammenarbeit nimmt immer mehr zu. Dem ist auch nichts entgegenzuhalten, allerdings musste ich oft feststellen, dass die Teilnehmer in der Regel nicht korrekt vorbereitet werden. Dies schlägt sogar bei normalen Seminaren zu Buche, in denen es nicht direkt um Channeling geht. Man sollte dazu übergehen, die Teilnehmer korrekt auf die Energien und all das, was sich ereignen kann, vorzubereiten. Ich weiß, das bedeutet viel Arbeit, die vielleicht nicht im ersten Moment als konstruktiv und gewinnbringend angesehen wird. Aber was nutzt es uns, wenn sich einige dann im Verlaufe der Arbeit total überfordert oder fehl am Platze fühlen. Sie kommen nicht mit, klinken sich aus und tragen dann eine falsche Meinung nach außen.

Wozu ich gerne einmal viele Seminarveranstalter auffordern würde, ist, die Angst abzulegen, ohne Teilnehmer dazustehen. Die gesamte Organisation zeugt oft von einer Panik in diesem Sinne, dass einem im Vorfeld schon die Lust vergeht. Ich habe festgestellt, dass immer die Leute kommen, die kommen sollen. Was hat man davon, wenn man sie dazu zwingen will zu kommen? Im Extremfall suchen sie dann selbst einen Ersatz, der für diesen Moment absolut ungeeignet ist. Das Ergebnis ist dann ein zusammengewürfelter Haufen von Menschen, denen oft jede Basis zur Zusammenarbeit fehlt. Verlassen Sie sich darauf: Es werden die geschickt, die es brauchen, und die kommen auch gerne. Und nur dann passt die Chemie. Dann werden Sie sehen, wie wunderbar die Arbeit vonstatten geht und wie viel alle mitnehmen. Gerade da, wo stark geistig gearbeitet werden soll, tut die geistige Ebene alles dafür, ihre Schüler so zu versammeln, dass sie sich gegenseitig unterstützen. Und wenn Sie gute Arbeit leisten, werden Sie immer selbst kurzfristig den richtigen Ersatz für Ausfälle schaffen können. Überlassen Sie es nicht den anderen, sondern kümmern Sie sich selbst um alles ganz genau.

Ich kann natürlich hier nur für das Channeling sprechen, wobei ich es auch in anderen Bereichen nachvollziehen konnte. Bei mir geht es ja darum, dass sich Menschen zusammenfinden, die sich ergänzen und auch gerne zusammenarbeiten. Und hier lasse ich die geistige Ebene alles führen und lenken. Oft habe ich mich gefragt, wieso sagt jetzt gerade diese Person einen Tag vorher ab? Später wusste ich, warum. Die Konstellation hatte noch nicht gepasst, vielleicht ein andermal. Dafür kam jemand kurzfristig dazu, der sich genau in das Puzzle einfügte. Die Voraussetzungen bezüglich des Bewusstseins müssen stimmen. Darauf lege ich auch Wert. Wenn ich merke, da fehlt noch etwas, spreche ich es an und bitte die Person, sich noch in das Ganze einzuüben. Ich habe keine Angst davor, jemanden anzuhalten, sich in die Gruppe einzufügen. Bis jetzt waren mir die Menschen immer dankbar dafür.

So eine Gruppenarbeit soll auch kein Vortrag sein. Ich lege Wert auf Zusammenarbeit. Alle sollen sich äußern dazu, sich einbringen. Das wird in meiner Arbeit auch immer von der geistigen Ebene so gesteuert. Oft wird jemand der Teilnehmer aufgefordert, an die Arbeit zu gehen, natürlich immer nur freiwillig. So wurde eine Teilnehmerin aufgefordert, mit der Gruppe zum Abschluss ein Mantra-Singen zur Manifestation der Durchgaben durchzuführen. Es war dann wirklich der gelungene Abschluss.

Alle Meister der geistigen Hierarchie sind während einer solchen Arbeit anwesend. So weiß man nie genau, was sich so alles ereignen wird. Und das ist gut so. Wenn man mit dieser Ebene arbeitet, kann man keine Regeln aufstellen. Auch die Zeit ist nicht festzulegen. Ich bin immer gerne bereit, eine oder zwei Stunden zusätzlich mit den Leuten zu verbringen, wenn es die Situation erfordert. Wenn die Aufgestiegenen Meister etwas zu sagen oder zu tun gedenken, existiert für sie keine Zeit. Sie nutzen die Gunst der Stunde, und sei es die halbe Nacht. Wir müssen lernen, dass wir in diesem Punkte keinen Überblick besitzen. Ich bitte immer alle Teilnehmer, keinen festen Zeitpunkt für die Rückkehr nach Hause anzugeben. Das geht meistens schief. Dann werden alle unruhig, und dafür ist die Sache zu wertvoll.

Der Verlauf einer solche Gruppenarbeit ist jedes Mal anders, denn er wird auf die Teilnehmer abgestimmt. Man kann deshalb gar kein richtiges Programm vorgeben. Das ist aber auch das Interessante daran. Auch ich weiß nie, was mich erwartet. Oft erfahre ich ein oder zwei Tage vorher ansatzweise, was geplant ist, wer als Schirmherr oder Schirmherrin von geistiger Seite aus fungiert. Man sucht sich eine bestimmte Musik aus, es wird mir mitgeteilt, ob eine bestimmte Sitzordnung erteilt werden wird.

Ich kann für mich nur sagen, dass es höchst interessant ist, sich so führen zu lassen. Natürlich darf man als Organisator keine Angst vor solchen Lücken haben. Vertrauen ist hier angesagt. Würde ich selbst etwas planen, hätte ich keine Chance, diesen Plan auch auszuführen. Dann würde ich mit meinem Verstand arbeiten. Ich lasse alles zu, bin offen für die geistigen Ideen und notwendigen Pläne, die ja logischerweise im allerletzten Moment aus dem Bewusstsein der Teilnehmer entstehen. Das ist, denke ich, wichtig zu begreifen. Wir alle sind der Evolution unterworfen. In einer Woche sind wir viel weiter, oder auch nicht. Also kann ich keinen Plan für die geistige Arbeit erstellen. Sicherlich ist ein Rahmen notwendig, um eine Struktur zu erreichen, aber alles andere muss sich nach dem Bewusstseinszustand der Einzelnen richten. Sonst wird es langweilig.

Viele meiner Klienten, die mit Menschen arbeiten, sei es als Trainer oder Führungskräfte, lernen so, sich in Vorträgen und Seminaren führen zu lassen. Sie akzeptieren, dass sie sozusagen gesprochen werden, immer der Situation angepasst. Das ist Intuition, das Zulassen der geistigen Mitarbeit. Alle stellen dann früher oder später fest, dass das Ergebnis ein ganz anderes ist. Oftmals spart man sich viel weitere Arbeit.

TEIL III
Konsequenzen

Kommen wir nun zu den Konsequenzen, die sich aus dieser Arbeit ergeben. Es liegt mir sehr am Herzen, dass die Leser und Leserinnen die Tragweite dessen erkennen, was in einer solchen Sitzung in Szene gesetzt wird. Ich warne wirklich davor, die spirituelle Seite unseres Seins zu konsumieren. Es ist Mode geworden, jedes Wochenende mit einem Seminar zu füllen, Hauptsache, wir kommen der Erleuchtung ein Stück näher, koste es, was es wolle. Der Gang von einem Medium zum anderen gehört zum guten Ton. Aber was geschieht, wenn die Aussagen und Dinge nicht allerorts bestätigt werden, und wenn man feststellen muss, dass es einem nach einem noch so teuren Seminar schlechter geht als vorher? Es soll hier nicht heißen, dass schlechte Seminare angeboten werden. Ich denke, das muss jeder selbst beurteilen. Es kommt allerdings darauf an, ob man sie überhaupt benötigt, ob es sich mit unserer Lebensaufgabe verträgt. Vielleicht sitzen dort Menschen, die ihr Hauptaugenmerk darauf ausgerichtet haben, sich an der Energie der anderen einmal ordentlich aufzuladen.

Und nochmals: Es bringt nichts, ein Medium nach dem anderen aufzusuchen! Die Ethik sollte uns lehren, dass wir uns mit einer Aussage, die wir ja bewusst verlangt haben, konsequent beschäftigen sollten. Hier ist größtes Vertrauen in die Mitteilungen und in uns selbst gefragt. Unsicherheit und Zweifel sind unsere größten Feinde auf diesem Gebiet. Dieses Vertrauen kann man jedoch niemanden lehren. Es muss wachsen. Indem wir uns fallen lassen in die Hilfe der Meister und in ihre Liebe, die bedingungslos und grenzenlos ist, machen wir schon einen großen Schritt. Der Zwilling des Vertrauens ist die Geduld. Viele können dieses Wort schon nicht mehr hören. Wir werden auf unsere Geduld hin auch geprüft. Nicht alles, was wir hören, kann sich in den nächsten Tagen und Wochen erfüllen. Für alles muss der Grundstein gelegt werden. Die Gegebenheiten müssen stimmen, die anderen Individuen müssen sich in das Geschehen fügen, und die Situationen müssen so gelagert sein, dass auch der zu erwartende Erfolg eintreten kann. Um all das zu erreichen, müssen wir die Schritte tun, denn die Erfolgsleiter hat viele Sprossen. Sie existieren schon in unserem Plan. Wir müssen sie nur besteigen. Erst dann dürfen die Meister eingreifen und alles dem Plan zuführen. Ansonsten würden sie manipulieren. Unser freier Wille wäre dann im Sinne des göttlichen Planes nicht mehr gegeben.

Nach wie vor können wir uns ganz frei gegen alle Maßnahmen entscheiden, die uns von Beginn an als positiv zur Seite gestellt sind. Unser Wille ist entscheidend. So ist die wichtigste Voraussetzung für ein Vorwärtskommen unser eigener Wille zur Eigenarbeit. Die Einstellung „MACH MAL MIT MIR" ist hier fehl am Platze. Durch unsere Arbeit bekommen wir lediglich Erkenntnisse. Wir werden sozusagen auf den Weg gebracht, und dann marschieren wir ganz alleine weiter. Dabei sind Fehlentscheidungen und Fehltritte nach wie vor gegeben, wenn wir den Plan wieder über Bord werfen, nicht auf die innere Stimme hören und uns von anderen beeinflussen lassen. Aber alles ist ein Lernprozess, der äußerst interessant sein kann. Hat man einmal gelernt, die innere Stimme und die Impulse aufzunehmen und umzusetzen, macht es Spaß, sich dem zu überlassen. Es gibt uns dann eine große Sicherheit. Anders kann die geistige Ebene nicht mit uns kommunizieren. Wenn die geistige Ebene erkennt, dass wir wirklich die Schritte tun, dass wir auch mental „ja" sagen zu unserer Aufgabe, werden die Ereignisse und Gedanken geschickt.

Oft sind es nur Kleinigkeiten, manchmal aber auch ganz klare Hinweise, die uns zeigen, dass hinter allem eine viel größere Intelligenz steht, als wir jemals einschätzen können. Wir müssen aber auch lernen, dass die geistige Ebene generell davon ausgeht, dass wir mit unserer Intuition und unserem Gefühl viele Entscheidungen selbst treffen können. Sie nimmt uns nicht alles kommentarlos ab. Wir sollen ja mehr und mehr in die Lage kommen, alles alleine im Sinne des Planes zu sehen und umzusetzen. So hilft sie uns nur dann konkret spürbar, wenn wir wirklich mit dem Rücken an der Wand stehen.

Ich selbst habe solche Situationen des öfteren erlebt. Man sieht vor lauter Wald keine Bäume mehr, läuft so meschugge durch das Gedankenlabyrinth, dass man kurz vor der Kapitulation steht. Dann kommt der Moment, in dem wir die geistige Ebene in der Tat um Hilfe bitten müssen. Wir müssen aber wirklich *bitten*. Das sollte man niemals vergessen. Nur die Bitte birgt die Erlaubnis unsererseits, dass die Meister eingreifen dürfen. Dann erkennen sie unseren Bedarf.

Wissen Sie, anders kommt die Hilfe natürlich auch, oder sagen wir besser: Es wird der Versuch der Hilfeleistung unternommen. Nur sehen wir dann oft die Möglichkeiten überhaupt nicht, weil wir zu konfus sind und uns verzettelt haben. Nochmals: Wichtig ist es, sich zu öffnen für das Wohlwollen dieser Ebene.

Dazu muss man natürlich auch bemerken, dass die Impulse und Gedanken, die uns so geschickt werden, in der Regel zunächst Konsequenzen abstruser Natur hervorzurufen scheinen. Damit muss man leben. Es heißt dann, „nein" sagen, sich auflehnen, Dinge beenden, neue Denkweisen entwickeln. Selten bleibt es so, wie es war. Dann kommen die Ängste. „Was sagen die anderen dazu? Jetzt muss ich jemanden vor den Kopf stoßen. Seit Jahren kennt man mich doch anders. Ich muss mich ja völlig neu orientieren."

Dann wird es kritisch. Wir sind von unserem Verstand her oft nicht gewillt, all diese Konsequenzen zu tragen. Es geht ja auch leichter, so wie es immer schon war. Aber dadurch ändert sich nicht unsere Misere. Der Weg des geringsten Widerstandes war schon immer der erfolglosere.

Der Umgang mit dem Karma

Kommen wir nun zu einem ganz besonderen Thema, dem Karma. Wie bereits zu Anfang des Buches klargeworden sein dürfte, ist dieser Bereich für mich äußerst diffizil und tiefgehend.

Zunächst einmal ist es nicht einfach, an all diese Dinge heranzukommen. Ich erkenne immer wieder, dass viele Menschen die Tragweite dieser Informationen nicht einschätzen können.

Ich weise immer wieder darauf hin, dass alle Informationen nur für diesen Menschen alleine bestimmt sind. Es geht wirklich niemanden etwas an. Ich muss an dieser Stelle darauf so eindringlich hinweisen, da ich immer wieder mit Entsetzen feststellen muss, dass das Mitteilungsbedürfnis vieler Menschen ohne Grenzen zu sein scheint. Viele sehen gar keinen Sinn darin, zu schweigen. Sie sind doch so ehrlich. Der halbe Freundeskreis, die ganze Familie weiß jetzt, wo sie sind. Da wird man doch gefragt, wenn man nach Hause kommt. Kaum ein Mensch scheint in der Lage zu sein, in diesem Falle einmal seine Intimsphäre zu wahren und bewusst zu schweigen. Alles andere wird verheimlicht, aber diese Dinge dienen offensichtlich der Profilierung, der Missionierung und der Wichtigtuerei. All dies kann sehr gefährlich werden. Nicht immer sind es nur die angenehmen Seiten einer Inkarnation, die uns gezeigt werden. Und da der Mensch nun mal ein Herdentier ist, sind immer andere mit beteiligt.

Nun mag es sein, dass ich heute einen sehr lieben Menschen um mich herum habe, der auf diese Weise viel Altes mit mir bereinigt. Wenn ich nun diesen Menschen ohne seine Zustimmung mit meinem Karma konfrontiere und er war mir vielleicht damals nicht gerade gut gesinnt, reiße ich unter Umständen verfrüht eine alte Wunde auf. Vielleicht will er es gar nicht wissen. Sein UnterBewusstsein mag Angst haben vor der Überführung als Täter. Genau dann ist das Chaos perfekt. Diesem Menschen bleibt gar nichts anderes übrig, als in Opposition oder in den Rückzug zu gehen, will er die Freundschaft nicht ganz zerstören. Auch ein Bruch kann die Folge sein.

Interessant wird es dann, wenn jemand akribisch auf die Suche nach seinen alten Widersachern geht, die Messer gewetzt, das Mundwerk lose. Ich habe es erlebt, dass jemand seine gesamte Bekanntschaft so lange genervt und in Diskussionen verwickelt hat, bis er glaubte, herausgefunden zu haben, wer ihn vor siebenhundert Jahren aufgehängt hatte. Durch diese Schuldzuweisung war die jahrelange Freundschaft dann im Laufe eines gemütlichen Grillabends ein für allemal beendet.

Was ist in diesem Falle das Ergebnis? Gesetzt den Fall, man hatte einen Treffer, was so gut wie unwahrscheinlich ist mit einer solchen Manier, ist das Karma in keinster Weise gelöst. Im Gegenteil, der alte Hass ist nur verstärkt worden. Musste eine passende Person gerade in aufopfernder Mission herhalten, ist die Sache doppelt schlimm, denn nun bewegt sich ein Unschuldiger auf einem Terrain, das ihn unter Umständen verzweifeln lässt.

Es ist absolut untragbar, andere mit den eigenen Themen zu belasten. Ich hoffe immer noch, dass man von erwachsenen Menschen, die ja in bestimmter Absicht zu mir kommen, verlangen kann, dass sie ein gewisses Charisma und die erforderliche Diskretion besitzen und ihre Mitmenschen respektieren. Auch höre ich oft, dass man doch so gut befreundet ist. Man erzählt sich doch auch sonst alles. Es kann gar nichts schief gehen. Das mag alles stimmen. Die karmischen Zusammenhänge jedoch sind mit unserem Menschenverstand nicht zu überblicken. Ich kann nur immer wieder davor warnen, diese Informationen im persönlichen Umfeld preiszugeben. Vor allen Dingen ist man auch angreifbar. Die anderen erkennen doch die eigenen Schwächen, die alten Wunden. So kann es aber auch die alten Fähigkeiten und Talente betreffen. Alter Neid und Eifersucht kommen hoch und können vernichtend wirken. Die karmischen Details sind allenfalls für Therapeuten bestimmt, die damit – hoffentlich – sorgsam und verantwortungsvoll umzugehen wissen.

Das Thema Schuldzuweisungen ist mit äußerster Vorsicht zu behandeln. Gerade hier sind die Therapeuten bei der Bearbeitung wichtige Helfer. Nicht nur, dass man ständig Schuldgefühle auf andere übertragen kann, nein, man kann sich auch selbst ständig im Nachhinein für alle negativen Folgen über die Maßen verantwortlich fühlen. Wir müssen einfach lernen, mit diesen Dingen konstruktiv umzugehen und keine Angst davor zu haben.

Vertrauen und Beweise

Ein Punkt ist, wenn vorhergesagte Dinge nicht eintreten. Damit einher geht das Thema Beweise. Es muss hier nochmals gesagt werden, dass ich diese Ebene nicht beweisen kann und auch nicht will. Das Thema Vertrauen ist hier so wichtig wie die Arbeit selbst. Wollen wir es so sagen, dass die Meister in dem Moment, in dem sie unsere Akasha-Chronik öffnen, unseren Lebensplan einsehen, und zwar sowohl die Vergangenheit als auch die Gegenwart und die Zukunft. Dann wird diese Momentaufnahme für uns gespiegelt. Sie teilen uns also mit, was geplant ist, was sich unsere Seele selbst für dieses Leben auferlegt und mitgenommen hat. Das bedingt dann aber auch ein überlegtes Handeln unsererseits. Wir können und dürfen uns nicht hinsetzen und den lieben Gott einen guten Mann sein lassen.

Um diese geplanten Ziele zu erreichen, müssen wir etwas tun, wir müssen „ja" sagen zu dem, was wir uns selbst ausgesucht haben. Die Meister sagen immer wieder: „Ihr müsst die Schritte tun, damit wir eingreifen und lenken können. Alles andere ist Manipulation." Dem kann ich nur zustimmen. Sicherlich wäre es für viele von uns einfacher, die Meister würden nun alles in die Hand nehmen, Vorschriften und Patentrezepte für ein sorgenfreies und angenehmes Leben aufzeigen. Was aber geschieht, wenn wir plötzlich merken, wir müssen, um dieses Ziel zu erreichen, durch sehr unangenehme Zeiten und Ereignisse wandeln? Dann empfinden wir es nicht mehr als Lenkung im positiven Sinne, sondern als Strafe, als Ungerechtigkeit. Es gibt nichts Schlimmeres als den wertenden Menschen, der immer nur das Angenehme wahrhaben will.

Wie schnell fühlen wir uns manipuliert und dem Schicksal ausgesetzt! Wäre uns also bekannt, dass ein Meister all dies ohne unsere bewusste Zustimmung veranlasst hätte, läge die Schuldzuweisung für die Folgen auf der Hand. „Ich wurde ja nicht gefragt, ich wurde ja zu diesen Dingen mehr oder weniger gezwungen." Die Folge ist ein neuer Karmaaufbau, ist doch klar. Wir würden jemand anderen für all das verantwortlich machen, was uns widerfährt. Kann das richtig sein?

Wir müssen uns also auf den Weg machen, in vollem Vertrauen, dass uns alles in den Weg geschickt wird, was wir für unsere Entwicklung brauchen. Erkennt die geistige Ebene, dass wir die Marschrichtung akzeptiert und anerkannt haben, kann sie uns führen, uns die notwendigen Impulse schicken.

Wir können aber auch bewusst eine Einbahnstraße wählen, da sie augenscheinlich mit weniger Steinen übersät ist. Unser Verstand marschiert ja mit. Dann können bestimmte Dinge nicht eintreten, die uns die Meister offenbart haben. Unser freier Wille und der aller anderen Beteiligten entscheidet darüber, ob wir das erreichen, was uns als machbar in Aussicht gestellt wurde. Jeder Mensch hat das Recht, sich das Leben schwer zu machen, sich krank zu machen, ja sogar seinem Leben ein Ende zu setzen. Denken Sie, die geistige Ebene hat das geplant? Sie muss es aber zulassen. Dann wird das Ziel bei der nächsten Inkarnation nochmals ins Auge gefasst. Für die Seele ist das gar kein Problem, sondern nur für unseren Verstand.

Selbst wenn wir den guten Willen zeigen, den Weg korrekt und ganz bewusst zu gehen, gibt es immer noch genug Menschen in unserem Umfeld, die uns einen Strich durch die Rechnung machen können. Dann gibt es eben Verzögerungen und Hindernisse. Das ist doch nicht schlimm. Man kann Ereignisse nicht genau voraussagen. Zu viele Faktoren können sich einmischen und alles zunichte machen.

Nehmen wir einmal ein Beispiel: Es heißt, eine Seele soll noch in der Familie inkarnieren. Dann ist das so im Plan vor langer Zeit festgelegt worden. Nun kann es aber sein, dass es aus biologischen Gründen nicht mehr machbar ist, oder die Zeit so weit fortgeschritten ist, dass es für alle Beteiligten nicht mehr sinnvoll erscheint. Dann ist das nicht schlimm. Wir entscheiden doch in Absprache mit der neuen Seele, was zu geschehen hat. Ich rate dann immer dazu, sich die Dinge genau zu überlegen, zu entscheiden und dann mit der Seele zu verhandeln. Wir dürfen nur keine Angst davor haben, auch nicht vor eventuellen Folgen oder sogar Strafen. Wenn wir bereit sind, die Seele loszulassen, kann sie sich anderweitig zu uns gesellen, entweder als Enkel oder vielleicht als Patenkind. Es ist alles machbar. Wir müssen nur lernen, Dogmen loszulassen und mit allem konstruktiv umzugehen, vielleicht auch mal zu experimentieren. Beweise für bestimmte Dinge zu verlangen ist mehr als abstrus. Das zeigt ein gesundes Misstrauen in alles, was einem zuteil wurde. Davor kann ich nur warnen. Viele Menschen haben solch eine Art des Umganges mit der geistigen Ebene, die mehr als respektlos ist. Ich verweise hier auf die Gesetze der Präzipitation.

Die Präzipitation ist das Schaffen aus der Urmaterie.[1] Wir können durch dieses geistige Gesetz alles erschaffen und erhalten, was für uns wichtig und sinnvoll ist. Allerdings gibt es gewisse Regeln, an die man sich dringend halten muss. Eine Re-

---

[1] Dieser Begriff wird in dem Buch „Die zwölf göttlichen Strahlen und die Priester aus Atlantis" (Smaragd Verlag) eingehend erklärt und behandelt.

gel besagt, dass man keine Bedingungen stellen soll, gemäß dem Motto: „Wenn ich das und das tue, möchte ich dafür diesen Lohn. Ich bin bereit, etwas zu leisten, aber bis dann und dann muss ich diesen Erfolg sehen".

Das Schlimmste ist für mich, wenn Menschen von ihrem Meister verlangen, dass er sich manifestieren und mit ihnen unterhalten soll. Erst dann können sie ihm vertrauen und ihn akzeptieren. Viele bemerken gar nicht, wenn dies der Fall ist. Wie oft werden andere Menschen von den Meistern im positiven Sinne besetzt, um ihnen etwas mitzuteilen. Selbst wenn es uns zuteil wird, sind wir noch zu begrenzt, es zu bemerken. Das ist auch mir passiert.

Also Vorsicht mit solchen Forderungen. Wer nicht in der Lage ist zu vertrauen, der sollte sich nicht weiter mit diesen Langzeitzielen beschäftigen. Erst wenn wir etwas nicht mehr „wollen", wenn wir loslassen und auf die Hilfe zum rechten Zeitpunkt vertrauen können, haben wir eine Basis der Zusammenarbeit geschaffen. Und diese Zusammenarbeit geht nur über den Impuls, über den ersten Gedanken oder die Blitzidee. Unsere innere Stimme ist über unser Höheres Selbst mit der Ebene unserer Führung verbunden. Nur wenn wir klar sind, ohne Angst und im vollen Vertrauen, können wir diese innere Stimme so hören, dass sie uns ohne Zweifel und Fehler lenken kann. Wir machen alles selbst. Die geistige Ebene gibt uns doch nur die Rahmenbedingungen und zeigt uns die Straßenschilder auf unserem Weg, damit wir uns nicht verirren im Labyrinth der Zweifel, Emotionen und kopflosen Handlungen.

Viele können das Wort „Impuls" nicht mehr hören, ich weiß. Er ist auch oft unangenehm. Der erste Impuls wirft oft Probleme auf, er verlangt, „Nein" zu sagen, das Umkrempeln von alt eingefahrenen Mustern und Situationen. Wir bekommen Angst,

84

dass uns die anderen in einem völlig anderen Licht sehen und uns dann verurteilen. Sollen sie, es ist ihr Problem.

Wie oft haben wir es alle schon erlebt, dass wir einen Gedanken hatten, der uns aber äußerst unangenehm war. Aus Angst vor unnötigen Reibereien und Konsequenzen sind wir im alten Fahrwasser geschwommen, haben wir uns der alten Tretmühle gebeugt. Der Streit und die Unannehmlichkeiten waren so vorprogrammiert. Hinterher hätten wir uns ohrfeigen können, dass wir nicht auf den ersten Impuls gehört haben. „Warum habe ich es nicht so gemacht, wie ich es im ersten Moment empfunden habe"?

Der Mensch muss eben immer erfahren, was er sich hätte ersparen können. Der Witz ist nur, dass unser Leben sehr einfach und problemlos verläuft, wenn wir auf die Impulse hören. Vielen ist das <u>zu</u> einfach.

Denken Sie nur daran, wie viele Menschen oft sagen: „Mir geht es viel zu gut. Irgendwann muss doch ein Dämpfer kommen." Genau da wird der erste Fehlschlag vorprogrammiert. Wir erwarten sozusagen die nächste Keule von hinten.

Impulse sind also die wichtigsten Signale aus der geistigen Welt, um mit uns zu kommunizieren. Wir können sie nicht hören. Sie kommen über die innere Stimme zu uns.

Der Zeitbegriff

Als nächstes möchte ich auf den Zeitbegriff eingehen. Der Mensch hat sich den Zeitrahmen geschaffen. Wir leben ständig in der Zeitplanung, seien es Stunden, Wochen, Monate oder Jahre. Auf der geistigen Ebene gibt es keinen Zeitbegriff. Wenn die Meister unsere Akasha öffnen, ist für sie alles zum gleichen Zeitpunkt präsent, sei es nun Vergangenheit, Gegenwart oder Zukunft. Sie sehen und lesen sozusagen unseren Lebensplan. Wenn sie uns nun Auskünfte erteilen oder Hinweise geben, können sie keine Zeiträume erkennen. Wir müssen das akzeptieren. Viele Menschen haben damit große Probleme. Sie stellen Fragen und möchten wissen, in welchem Zeitraum sich Dinge ereignen können, oder wann sie am besten bestimmte Schritte unternehmen. Wenn die geistige Ebene dann exakte Auskünfte erteilt, spekuliert sie, denn alles ist dem Wandel unterworfen. Man kann den Zeitraum gar nicht genau bestimmen, da wir den freien Willen besitzen und so immer wieder Änderungen veranlassen können. Die Meister nennen nur dann einen Zeitraum, wenn sie beispielsweise darum bitten, dass sich ein Schüler für ein Erdenjahr zurückzieht und seinen Weg alleine geht. Das ist dann für uns eine nachvollziehbare Zeiteinteilung. Wir können uns dann nach etwas richten. Aber alles andere ist nicht vorhersehbar. Lediglich der Plan, der grobe Rahmen unseres Lebens, ist von ihnen einsehbar.

Dennoch gibt es bestimmte Begriffe, die von ihnen als Raster benutzt werden können, wenn sie zu uns sprechen. So gibt es zum Beispiel die Möglichkeit, dass sie das Wort „jetzt" benutzen. Das bedeutet dann, dass alle Gegebenheiten so stimmen und gelagert sind, dass wir mit unserer größtmöglichen Anstrengung ein geplantes Ziel im Moment erreichen können. Wir müssen aber immer etwas tun. Niemals dürfen wir abwartend sein und der Meinung unterliegen, es würde schon alles für uns geregelt.

Verwenden sie den Begriff „in Kürze", kann dies erfahrungsgemäß einen Zeitraum von bis zu drei bis vier Jahren umfassen. Es ist aber von ihnen als erreichbares Ziel sichtbar.

„Später" ist so zu deuten, als dass etwas im Plan lesbar, aber noch sehr undeutlich als von uns erreichbar gedeutet wird. Dann sind Aspekte vorhanden, die andeuten, dass wir uns auf ein Ziel zubewegen.

„Bald" ist sehr wage. Man kann sagen, sie sehen ein Ziel, eine Situation oder etwas Geplantes, das jedoch von uns noch nicht so konstruktiv ins Auge gefasst wurde. Es ist noch zu undeutlich.

Bei allem jedoch müssen wir immer wissen und akzeptieren, dass wir es erreichen können, indem wir die Schritte tun. Ich erlebe es oft, dass Menschen sehr unzufrieden und ungeduldig sind, wenn ihr Meister auf die Frage nach dem Zeitbegriff antwortet: „Das liegt ganz alleine an dir. Du bestimmst den Zeitplan und niemand anders. Begib dich auf den Weg und tue die Schritte, damit wir eingreifen und helfen dürfen." Für viele ist das zu ungenau. Sie möchten einen genauen Plan bekommen, der sie mehr oder weniger zwingt, einen Weg zu beschreiten. Aber wie oft wäre es dann ein Druck? Sie dürfen es nicht tun. Wir alleine gehen unseren Weg, ob langsam oder schnell, das Ziel bleibt das gleiche. Der Weg ist das Ziel!

☆☆☆

Transformation und Bewusstseinserweiterung

Was können wir nun nach einem Channeling konstruktiv alles tun, um mit uns selbst zu arbeiten? Zunächst ist es ja so, dass man in der Regel viel Text bekommen hat, Durchsagen, die eine ganz komprimierte Essenz unseres Lebensbuches darstellen. Das ist dann schon einmal eine optimale Grundlage für die Eigenarbeit. Jedes Wort ist wichtig. Man muss lernen, zwischen den Zeilen zu lesen, die Symbolik zu entschlüsseln, die oft dahintersteckt. Informationen können auch verschlüsselt sein, um zum rechten Zeitpunkt verstanden zu werden. Dazu ist es notwendig, dass wir unsere Texte immer wieder lesen, sie bearbeiten, teilweise zu Mantren oder auch Affirmationen umwandeln. Ich habe fasziniert bei einigen wenigen Klienten gesehen, dass sie sich zu Hause den Text auseinandergepflückt haben. Sie haben zu bestimmten Passagen ihre eigene Meinung notiert, ihre Form des Verständnisses. Sie haben hinterfragt und sich selbst die Antwort gegeben. Andere legen den Text einfach beiseite.

Ich kann nur dazu anregen, mit den Informationen zu arbeiten. Man kann sich ja Kopien anfertigen und das Original aufheben. Deshalb halte ich nichts von Kassetten. Man braucht Papier, das Lesbare, um es dann zu bearbeiten. So wird man konstruktiv. Die Meister freuen sich darüber. Sie sehen unsere Aktion. Wie oft geschieht es dann im Laufe der Zeit, dass sie sich diesem Menschen selbst mitteilen.

Als zusätzlichen wichtigen Aspekt möchte ich die Meditation ansprechen. Sie ist der direkte Weg zur eigenen Kommunikation mit den Meistern. Wir müssen lernen, in die Stille zu gehen, um der inneren Stimme Platz zu machen. Fast alle Klienten sprechen davon, dass sie die Meister immer wieder fragen, wie sie mit ihnen Kontakt aufnehmen können. Die Antwort ist immer dieselbe: Nur über die Meditation. Durch sie werden wir ruhig, schließen wir uns bewusst an die Meisterenergie an. Nur so können wir langsam lernen, die Impulse und Gedanken aus der hohen Ebene wahrzunehmen. Es entsteht eine Art Abkommen mit unserem Führer, dass wir nun kommen, um mit ihm zu sprechen. Es ist die geheime Sprache des Herzens, liebevoll, still und voller Vertrauen. Niemand kann uns belauschen, korrigieren oder unterbrechen. So werden wir zu unserem eigenen Kanal für unsere persönlichen Botschaften. Dadurch wird auch die Meisterenergie für uns besser wahrnehmbar. Indem wir uns auf sie einstellen, sie sozusagen erwarten, können wir sie auch einordnen und verarbeiten.

Die Meisterenergie nähert sich in der Regel durch das Herzchakra. Dort nehmen wir sie wahr in Form von Wärme, Liebe, Rührung oder einfach als Gefühl des Vertrauens. Es wird uns bewusst, dass wir das eigentlich schon lange kennen. Im Grunde genommen ist es uns vertraut, denn unser Führer kennt uns ja nicht erst seit gestern. Es ist also eigentlich nichts Neues, was uns da erwartet. Auch das ist für viele ein Problem, denn oft erwarten die Menschen plötzlich ganz viele Neuerungen, neue Gefühle und Emotionen. Das wäre auch paradox, denn was uns seit Jahrzehnten, ja seit Jahrtausenden bekannt ist, kann sich nicht plötzlich ganz neu zeigen. Durch das Channeling machen wir ja nur einen Schritt in die uns längst bekannte, vielleicht nur verlorene Richtung.

Manchmal spüren wir auch in der Meditation ein Kribbeln im Körper, Wärme überall, aber nie darf es sich negativ auswirken oder anfühlen. Es muss immer angenehm sein. Wir müssen uns mehr oder weniger immer öfter danach sehnen, wie nach einem lieben Partner, den man auch immer wieder fühlen möchte.

Diese Empfindungen haben viele Klienten auch während des Channelings. Sie fühlen genau, dass sich im Raum eine Energie befindet, die ihnen etwas zu sagen und zu zeigen hat. Es ist wie ein Anklopfen, als wollte der Meister sagen: „Hier bin ich. Begrüße mich heute einmal ganz bewusst."

Viele spüren auch, dass während des Channelings an ihnen physisch gearbeitet wird, ohne dass sie jemand anfasst. Beispielsweise kann man das Gefühl haben, als befände sich plötzlich ein Kloß im Hals, oder als würde das Herz ganz weit. Sehr oft spürt man einen Druck im Dritten Auge. All das vermittelt den direkten Kontakt zur geistigen Ebene, um einen späteren eigenen Kontakt zu erleichtern. So entsteht keine Angst vor diesem Kontakt.

Kommen wir nun zu den praktischen Abläufen und Aspekten nach einem Channeling.

Die Verschwiegenheit über die persönlichen Informationen habe ich ja vorhergehend schon angesprochen. Es gibt aber auch neue Aspekte, die sich aus einem Channeling heraus ergeben können, und die man auf eine bestimmte Art und Weise anderen vermitteln muss. Hier kann ich nur dazu anregen, ein gewisses Maß an Diplomatie und Einfühlungsvermögen zu entwickeln. Man muss sich genau überlegen, was man mitteilt und vor allem, wie man es tut. Denken Sie immer daran, dass der andere nicht an dem Channeling teilgenommen hat. Er weiß nichts von den Hintergründen. Wenn Sie nun nicht sensibel genug vorgehen, kann es sein, dass sie den anderen sehr verletzen.

Nehmen wir ein einfaches Beispiel: Wenn Ihr Meister Ihnen in einem Channeling rät, sich zeitweise aus ganz wichtigen Gründen von einer Person zu distanzieren, dann ist dies niemals so gemeint, dass Sie für alle Zeiten mit diesem Menschen brechen müssen. Es kann sein, dass Sie diese Distanz brauchen, um die Dinge klarer zu sehen, und mit diesem Menschen dann neue Wege gehen zu können.

Nun kommt es aber darauf an, wie Sie diese Information dem Betreffenden vermitteln, ohne ihn vor den Kopf zu stoßen. Die wohl unpassendste Methode wäre die, dem anderen kurz und bündig zu sagen: „Mein Meister hat mir jeden Kontakt mit dir verboten." Seien Sie so fair und erklären Sie die Hintergründe. Niemals wird ein Meister so etwas in den Raum stellen. Wir sollen uns ja mit unserem Umfeld befassen und nicht davor weglaufen. Distanz ist manchmal notwendig, damit alle Beteiligten ihr Ziel erreichen. Die Mühe sollten Sie sich schon machen, ohne natürlich alle Ihre Durchsagen preiszugeben. Sagen Sie die Wahrheit, aber ohne zu verletzen. Der andere hat ein Recht darauf.

Der Umgang mit Menschen darf uns nie zuviel werden. Jede Veränderung in unserem Leben hat ein Recht darauf, erklärt und akzeptiert zu werden. Nur so erhalten wir die Freundschaften, die uns allen so viel geben.

Distanz ist oft notwendig und lebenswichtig. Nicht zu allen Zeiten sind wir unternehmungslustig und offen für Abwechslung aller Art. Besonders nach dem intensiven ersten Kontakt mit unserer geistigen Führung sind wir vielleicht ein wenig introvertierter als sonst. Es ist so viel Neues zu integrieren und zu verarbeiten, dass wir keine Lust dazu haben, ständig ausgefragt und aus unseren Denkprozessen herausgerissen zu werden. Wir wollen lernen, nach innen zu hören, mehr in die Stille zu gehen, auch wenn es nur für eine gewisse Zeit so sein mag.

Stehen Sie dazu! Nehmen Sie sich Ihren Freiraum, auch das Recht zu schweigen und nicht alles preiszugeben. Ihr Umfeld muss dies akzeptieren, und wenn es damit Probleme hat, sind es nicht die Ihren. Die Intimsphäre eines jeden Wesens ist kostbar und ihres Schutzes wert. Dies ist auch eine Form der Eigenliebe, die Sie für sich entdecken sollten. Lernen Sie, sich wieder Gutes zu tun. Nur wer sich selbst liebt mit allen Schwächen und Stärken, wer sich erkannt hat, kann dies auch bei anderen umsetzen. Wenn Sie sich ständig anderen verpflichtet fühlen, sind Sie niemals Sie selbst. Wenn wir das Gefühl haben, einmal alleine sein zu müssen, um klarer zu werden in unserer Seele und in unserem Herzen, dann müssen wir uns diese Form der Einsamkeit fordern. Wir schließen ja niemanden aus unserem Leben aus. Aber wir sind alle Individuen, die auch einmal mit sich selbst genug haben. Jedes Tier zieht sich zurück, wenn es ihm passt.

Meister Kuthumi hat des öfteren schon auf das Wesen der Katze aufmerksam gemacht. Ich selbst lebe mit zwei Katzen zusammen. Ich sage bewusst, ich *lebe* mit ihnen zusammen, denn sie sind gleichberechtigt. Sie haben ihren Willen, ihre Bedürfnisse, Vorlieben und Abneigungen. Das alles zeigen sie unmissverständlich. Wenn sie keine Nähe möchten, verschwinden sie in einer Ecke, bis sie es sich wieder anders überlegt haben. Dann kommen sie und fordern ihre Streicheleinheiten.

Gleichzeitig brauchen sie aber auch die Nähe „ihres" Menschen. Sie trauern, wenn ich zu lange weg bin, und sie warten auf mich, weil sie die Gemeinschaft schätzen. Komme ich wieder, sind sie zufrieden und zeigen mir ihre Liebe.

Bei vielen von Ihnen mögen jetzt bestimmte Gedanken

hochkommen, wenn man all das auf Menschen überträgt, mit denen man sehr eng zusammen ist. Das heißt ja dann im Klartext: „Ich muss mich nur nach ihnen richten. Wenn sie meine Nähe nicht wollen, bin ich Luft für sie. Ich werde ausgenutzt". Kuthumi hat darum gebeten, die Individualität dieser Tiere auf den Menschen zu übertragen und gleichzeitig Harmonie und liebevollen Umgang miteinander zu pflegen. Um dies leben zu können, brauchen wir viel Kommunikation, Rücksichtnahme, Toleranz und Akzeptanz. Verletzter Stolz, Eifersucht und Eitelkeit sind die Hemmschwellen auf diesem Weg.

Auf unserem Weg gibt es aber auch Zeiten des sogenannten Stillstandes. Gerade Schüler, die sich schon länger in Kontakt mit den Meistern befinden, erleben diese Phasen mit gemischten Gefühlen. Sie haben plötzlich das Gefühl des Verlassenseins, nichts geht mehr, alles stockt und sie haben das Gefühl, nichts mehr zu „hören". Gerade das sind dann die Momente, in denen wir lernen, uns noch mehr zu konzentrieren. Wenn ein gewisser Stillstand eintritt, wollen uns die Meister dazu auffordern, uns ihnen wieder mehr zuzuwenden. Vielleicht haben wir alles schon als zu normal betrachtet. Unsere Fortschritte werden uns gar nicht mehr so bewusst. Oder manchmal laufen wir wieder einmal in eine Sackgasse, weil unser Verstand wieder zu materiell, zu irdisch arbeitet. Vielen rate ich dann dazu, sich wieder öfter und intensiver an die geistige Ebene anzuschließen. Man muss dann wieder stiller werden, mehr meditieren und auch um die Hilfe bitten.

Niemals darf man vergessen, um die Hilfe zu bitten, sie auch zu fordern. Sie kommt sofort. Die Meister der sieben Strahlen haben alle einen speziellen Wochentag für sich reserviert. Jeder Strahl ist einem Tag zugeordnet. An diesem Tag kann

man dann ganz intensiv meditieren und sich an die Energie an-
schließen. Es ist alles Übungssache. Man muss es sich immer
wieder vergegenwärtigen, dass wir irdisch und die Meister geistig sind, dass aber jederzeit die Kommunikation möglich ist. Es
gibt keine Trennung.

Beziehungen

Ich möchte nochmals auf das Thema Einsamkeit zurückkommen und von der persönlichen Einsamkeit sprechen, vor der sich viele fürchten. Kein Mensch ist dazu geboren, wirklich einsam zu sein, und auch kein Mensch wird es bleiben. Diese Angst und auch die Fragen dazu tauchen immer wieder auf. Viele Klienten sprechen mit mir darüber, auch über die Antworten der Meister dazu. Es kann sein, dass wir einige Zeit „bewusst" alleine, das heißt, ohne Partner gelassen werden. Das ist dann keine Strafe. Wir müssen uns selbst finden, ein Individuum werden, das sich seines Wertes und seiner Stellung in dieser Gesellschaft bewusst wird. Vielleicht haben wir gerade erst eine Partnerschaft beendet, die nicht sehr gut verlaufen ist. Wir sind gestresst, von Vorurteilen und schlechten Erinnerungen begleitet. Durchaus war all das karmisch angelegt und geplant. Aber manchmal müssen dann erst die Wunden heilen, wir müssen aus unserer negativen Phase erst heraus, um einen neuen Partner respektieren und als vollwertig akzeptieren zu können. Sonst bestrafen wir ihn für die Vergehen des Vorgängers.

Nicht jeder Mensch hat einen Einblick in die karmischen Zusammenhänge einer Partnerschaft. Nicht vergessen darf man vor allem den persönlichen Weg. Wenn wir uns vielleicht in eine ganz neue Richtung entwickeln müssen, gehen wir diese Strecke oft alleine. Es mag Durststrecken geben, für die andere kein Verständnis hätten. Wir probieren uns aus, wir testen neue Berufsfelder und Situationen. Dafür müssen wir frei und unbeurteilt sein, es sei denn, wir haben einen Partner, der für all das Verständnis hat. Dieser muss dann aber schon sehr weit entwickelt sein von seinem Bewusstsein her.

So werden wir oft ein ganzes Stück alleine auf den Weg geschickt, bis wir gefestigt sind. Dann wird uns eine Partnerschaft geschenkt, die viele Probleme der alten Zeiten nicht mehr kennt. Wir werden dann so angenommen, wie wir sind, ohne Vorurteile, Eifersucht und Neid. Sicherlich sind auch das dann wiederum karmische Verbindungen, aber sie verlaufen harmonischer und verständnisvoller. Also haben Sie Geduld, wenn es nicht so schnell geht mit dem richtigen Partner. Er steht bereit, aber vielleicht ist er noch in einer wichtigen karmischen Beziehung, die er zuerst bearbeiten muss. Erst wenn auch er frei ist für neue Dinge, kann er sich Ihnen nähern. Dann müssen Sie ihn aber auch sehen, weniger mit den Augen als mit dem Herzen.

Was dann jedoch kommt, ist oft nicht einfacher als alles andere vorher. Das, was die Meister in diesem Falle dann bei uns voraussetzen, ist das Praktizieren der „bedingungslosen" Liebe. Wenn wir bereit sind, diese Form der Liebe zu leben, haben wir Aussicht auf eine harmonische und dauerhafte Partnerschaft. Aber wir stoßen dabei immer wieder an unsere Grenzen, um sie zu überschreiten. Meine Meinung und auch die der Meister ist, dass wir alle Themen, die das Zusammenleben und die Partnerschaft betreffen, theoretisch mit einem einzigen Partner er - leben können. Wir müssen nur dazu bereit sein, alle auftauchenden Themen zu bearbeiten und konstruktiv zu lösen. Tun wir dies nicht, begegnen uns neue Menschen, mit denen wir aber an die gleichen Themen herangeführt werden. Alle diese Beziehungen sind karmisch, da wir mit all den Menschen in dieser Art verbunden sind. Bemühen wir uns in einer Partnerschaft jedoch von vornherein um die Lösung, bleiben uns weitere Begegnungen ähnlicher Art erspart, und wir sind gleichzeitig von den anderen Menschen karmisch gelöst. Ein schönes Prinzip, oder?

Da wir gerade beim Thema Partnerschaften sind, ist es vielleicht noch ganz interessant, das wichtige Gebiet der Sexualität anzusprechen.

Es gibt Zeiten, in denen viele Menschen, die sich am Beginn ihrer spirituellen Entwicklung befinden, eine gewisse Veränderung in diesem Bereich feststellen. Auch das ist ein enorm wichtiger Punkt. Bei manchen sinkt das Bedürfnis nach Nähe und Sexualität Im Allgemeinen. Gerade dann ist es oft gar nicht verkehrt, ein Stück des Weges alleine zu marschieren. All das hält aber nur eine gewisse Zeit an. Das Verhalten ändert sich auch wieder. Die geistige Arbeit steht dann halt für eine gewisse Zeit im Vordergrund. Man ist viel zu sehr mit sich selbst beschäftigt. Mancher Partner könnte mit der Situation vielleicht gar nicht richtig umgehen. Eifersucht auf die neue Welt des anderen und Unverständnis sind die Folge. Deshalb seien Sie ganz zufrieden, wenn es einmal ruhiger um Sie herum wird.

Bei anderen Menschen steigt das Bedürfnis nach sexueller Aktivität, auch das gibt es. Aber immer werden Sie feststellen, dass die Lebensumstände der Situation angepasst werden. Das ist wirklich höchst interessant.

Allgemeine Ratschläge

Vielleicht noch ein paar wichtige Details, die man zusätzlich nach einem Channeling und generell im Laufe der eigenen spirituellen Bewusstseinsarbeit nicht vergessen sollte.

Selbstverständlich sein sollte die gesunde Ernährung. Viele Menschen fragen danach. So weisen die Meister immer wieder darauf hin, dass wir auf den Genuss von Fleisch, Alkohol, Kaffee und Nikotin möglichst verzichten sollten. Ich habe festgestellt, dass man das im Laufe der Zeit von selbst erkennt und umsetzt. Man sollte sich aber nicht allzu sehr unter Druck setzen. Wenn wir es nicht lernen, reagiert unser Körper sowieso abstoßend auf all die Dinge. Wir werden schließlich feinstofflicher, sensibler, und so kann der Organismus letztlich gar nicht mehr alles wie früher verarbeiten.

Der Konsum des Lichtes und seiner Energie wird wohl ein immer interessanteres Thema werden im Zuge des neuen Zeitalters. Ich erwähne diese Dinge ganz bewusst, da ich all das an mir selbst und an meinem direkten Umfeld beobachtet habe.

Die Reinlichkeit spielt ebenfalls eine große Rolle. Viele Meister empfehlen immer wieder, nach getaner Arbeit, vor allem vor den Meditationen, zu baden, gelegentlich in Meersalz. Es reinigt auch die Energiekörper. Sie werden auch feststellen, dass Sie gerade dann immer öfter in eine meditative Stimmung kommen. Für mich ist das Baden Entspannung pur, und die Impulse fließen nur so.

Auch das Schlafverhalten verändert sich im Laufe der Zeit. Wir spüren, dass wir im Schlaf äußerst produktiv sind. Gerade zu Beginn der bewussten Verbindung mit der geistigen Ebene bitten die Meister sehr oft darum, dass wir täglich mindestens acht Stunden Schlaf bekommen. Dann haben sie Gelegenheit, intensiv an uns zu arbeiten. Wir werden dann aktiv an der astralen Schulung beteiligt, oder auch zu astralen Aufgaben herangezogen.

Viele Menschen reagieren auch mit vermehrtem Schlafbedürfnis, sogar tagsüber. Bitte halten Sie sich dann nicht für einen Faulenzer. Geben Sie dem Bedarf nach, auch wenn Sie sich außerhalb der gesellschaftlichen Norm bewegen. Wen es stört, der soll Sie schlichtweg übersehen. Wenn die Müdigkeit, das matte Gefühl, den Tatendrang besiegt, schlafen Sie bitte. Manchmal braucht man nur eine halbe Stunde, um an Ihnen zu arbeiten und Sie wieder fit zu bekommen. Dann ist Ihnen mehr geholfen, als wenn Sie sich quälen und Stunden lang rumhängen wie ein Schluck Wasser in der Kurve. Sie müssen lernen, dass Sie - Ihre Zustimmung vorausgesetzt - kein Mensch mehr sind, der mit normalen Maßstäben zu messen ist.

Wer geistig arbeiten will, muss sich auch den Gegebenheiten fügen. Sie müssen dann Ihrem Körper erlauben, der Entwicklung der Seele und des Geistes zu folgen. Er hat es am schwersten, er ist dicht, undurchlässig, faul, bequem und teilweise vergiftet. Lernen Sie, ihn zu lieben und zu heilen, damit Sie mit all Ihren Körpern geistig arbeiten können.

Vergessen sollten Sie auch nicht die Eigenarbeit an sich im Sinne anderer Energien, die unterstützend wirken können. So sollten Sie zum Beispiel die Hilfe der Edelsteine ruhig in Anspruch nehmen. Auf den Gebrauch will ich hier nicht näher eingehen. Darüber gibt es genug gute Literatur, und die meisten von Ihnen werden sich damit schon beschäftigt haben.

Chakrenarbeit ist natürlich unerlässlich. Hier kann man unterstützend neben Edelsteinen mit Seide, Farben und Aura-Soma arbeiten, um nur einige Beispiele anzuführen. Es geht einfach darum, etwas für sich selbst zu tun. So lernen Sie, was Ihnen im Bereich von Körper, Geist und Seele gut tut.

Nicht jeder schätzt die gleichen Methoden und Hilfsmittel. Jeder Mensch reagiert anders. Nur bitte arbeiten Sie mit sich selbst. Testen Sie Ihre Reaktionen und lassen Sie sich nicht von anderen zu Dingen überreden, die Ihnen fremd und nicht nützlich erscheinen. Nur Ihre innere Stimme soll Sie leiten. Dann fühlen Sie sich auch wohl bei allem, was Sie sich Gutes tun. Weniger ist oft mehr. Und wenn es nur ein Edelstein ist, den Sie lieben, dann belassen Sie es bei seinem Gebrauch.

Bei allen Schritten, die Sie im Sinne geistiger Bewusstseinsarbeit machen, sollten Sie, wie schon erwähnt, Abhängigkeit und extremen Konsum vermeiden. Ich bitte alle meine Klienten um Geduld. Wenn ich gefragt werde, wann man eine Sitzung wiederholen sollte, ist mein Vorschlag in der Regel, dass man sich jährlich eine Sitzung genehmigt, wobei pro Klient insgesamt nur zwei Einzelsitzungen überhaupt möglich sind. Deshalb empfiehlt es sich, die Zeiträume zwischen den Sitzungen über ein Jahr hinaus auszudehnen. Der Kontext einer guten medialen Arbeit muss so angelegt sein, dass man lange und ausführlich damit arbeiten kann. Nicht immer versteht man auf Anhieb den gesamten Inhalt. Für viele ist es sehr schwierig, mit Symbolen zu arbeiten. Aber so lernen Sie, konstruktiv mit der geistigen Welt umzugehen.

Wenn es die Lebensumstände erfordern, kann man jederzeit kürzere Abstände zwischen den Sitzungen wählen. Dennoch werde ich oft von der geistigen Ebene aufgefordert, eine erneute Sitzung abzulehnen, da man sieht, dass sich der Schüler auf dem Weg zur Eigenarbeit noch alleine bewähren muss. Das ist dann kein böser Wille und auch keine persönliche Wertung meinerseits. Ich habe gelernt, mich nach den Weisungen zu richten. Bisher hat es sich immer als richtig erwiesen.

So müssen Sie auch lernen, die irdische Hilfe irgendwann loszulassen. Dabei spielt es keine Rolle, wie lange Sie sich schon auf dem Weg befinden. Bei manchen Schülern geht es sehr schnell. Wenn Sie selbst zum Helfer für die Menschen werden sollen, müssen Sie die Selbständigkeit üben. Ich spüre genau, wenn ein Mensch nur noch kommt, um sich seine eigenen Informationen bestätigen zu lassen. Und glauben Sie mir, die geistige Ebene weiß es noch viel eher. Das müssen wir lernen.

Jeder Schüler der Weißen Bruderschaft hat seine spezielle Aufgabe. Um diese zu erkennen und sich optimal darauf vorzubereiten, bekommen Sie Ihre Zeit. Dann jedoch müssen Sie laufen gelernt haben. Jeder Ihrer irdischen Helfer muss dann Ihre Hand loslassen, da er Sie sonst in eine Abhängigkeit bringt. Jeder Meister entlässt seinen Schüler, wenn er alles gelernt hat. Von diesem Moment an sind Sie dann auf sich alleine gestellt. Sie müssen Ihrer inneren Stimme folgen, die Sie mit Ihrem Meister ständig verbindet. Sie sind nie alleine. Jetzt müssen Sie sich bewähren, Vertrauen und Loyalität beweisen.

Sie haben die Probezeit überstanden und sind ein Angestellter der „Gott - eingetragenen Gesellschaft". Dann dürfen Sie mithelfen, neue Bewerber für Ihre Abteilung zu finden. Diese Firma scheint die einzige im gesamten Universum zu sein, die ständig Nachwuchssorgen hat, niemals an Arbeitsmangel leidet und eine geringe Fluktuation aufweist. Ihre Mitarbeiter müssen allerdings sehr kreativ sein, sie müssen sich ständig selbst motivieren, denn danach richten sich die Gehaltsstufen und die Beförderungen.

Ich wünsche Ihnen, dass Sie sich schnellstmöglich Ihrer Aktentasche bewusst werden, und dass Sie einen Helfer finden, der Ihnen zumindest dabei hilft, die Tasche zu öffnen. Wege gibt es viele. Meine Arbeitsweise ist sicherlich nichts für jeden, aber dennoch kann ich Ihnen versichern, dass der direkte Weg immer ein wenig beschwerlich und arbeitsintensiv ist. Wie immer Sie Ihren Weg einschlagen, ich wünsche Ihnen viel Erfolg und viel Kraft auf Ihrem Weg zum Ziel.

DER WEG IST DAS ZIEL!

TEIL IV
Die geistige Hierarchie

Die sieben Abteilungen der Weißen Bruderschaft

Abteilung 1:
Strahlenfarbe: Königsblau mit weißer Strahlung
Lenker/Abteilungsleiter/Cohan: El Morya
Frühere Inkarnationen:
U. a. König Artus – Ritter der Tafelrunde,
König Melchior – einer der drei Heiligen,
Jacques de Molay – letzter Großmeister der Templer,
König Rajput von Indien, Thomas More (Morus Utopia),
Sethos – der Vater Ramses des II., Spartakus
Tempel: Physisch in Darjeeling
Erkennungsmelodie:
Pomp and Circumstances von Edward William Elgar
Elohim: Herkules – **weibliche Ergänzung:** Amazone
Erzengel: Michael – **weibliche Ergänzung:** Faith (Glaube)
Aufgabenbereich:
Wille Gottes, Schutz, Kraft, Macht, Stärke, Selbstvertrauen
Wochentag: Sonntag

Siegel Erzengel Michael

Ein paar Worte vom Cohan des ersten Strahls:

Liebe SchülerInnen, liebe LichtarbeiterInnen,

wir, die wir uns für den ersten Strahl einsetzen mit all unserem Engagement, erwarten von allen, die ihre Bewerbung auf den blauen Lichtstrahl in die Sphäre des Willen Gottes senden, Klarheit, Wahrheit, Mut, starken Willen und großes Selbstvertrauen. Das sind unsere Qualifikationen, um euch aufzunehmen als Anwärter auf eine Position im Sinne eurer Berufung. Ihr werdet mächtigen Prüfungen unterzogen, damit wir sehen, ob ihr in der Lage seid, eure Aufgaben alleine mit Mut zu vollbringen. Oftmals müsst ihr überdenken, ob der Gang mit einem Anliegen zu eurem Abteilungsleiter wirklich notwendig ist. Bewahrt Ruhe, Gelassenheit und lernt, dass ich alles überwache, und dass es an mir ist, euch zur Ordnung zu rufen oder zu berichtigen, sobald die Notwendigkeit besteht.

Ich schätze bei meinen Mitarbeitern ihren Enthusiasmus, ihre Lebensfreude und ihre Begeisterungsfähigkeit für neue Dinge. Nichts ist ihnen zuviel, sie sind hilfsbereit untereinander, und sie schätzen all ihre Mitbewerber ohne Neid und Eifersucht. Sie helfen sich gegenseitig, und sie üben eine Konversation, die Stil und Reife beweist. Kein unüberlegtes Wort schädigt ihr Umfeld, ihr menschliches Charisma strahlt ab auf alle, die ihnen begegnen. An ihrem zurückhaltenden und bescheidenen Wesen könnt ihr sie erkennen.

Verletzungen schmerzen sie sehr, jedoch sind sie nicht nachtragend. Ein offenes Gespräch reinigt die Atmosphäre. Ihr Heim strahlt im Glanz des blauen Lichtes, eine mütterliche Wärme umgibt sie. Sie geben gerne und halten nichts zurück.

Nicht zuletzt sind sie ausgestattet mit dem meinerseits bekannten strengen Blick, der anzeigt, wenn die Richtung verfehlt wird. Blau ist ihre Farbe.

Mögen alle, die sich zur Mitarbeit in meiner Abteilung berufen fühlen, den Mut haben, anzuklopfen und die Prüfungen abzulegen. Der Lohn wird nicht ausbleiben.

Gott zum Gruße
El Morya

Abteilung 2:
Strahlenfarbe: Goldgelb
Lenker/Abteilungsleiter/Cohan: Konfuzius
Tempel:
Tempel der Präzipitation – Physisch im Teton-Gebirge in den Wyoming-Rocky-Mountains in Nordamerika
Erkennungsmelodie:
O du mein holder Abendstern von Richard Wagner
Elohim: Cassiopeia – **weibliche Ergänzung:** Minerva
Erzengel: Jophiel – **weibliche Ergänzung:** Constance (Beständigkeit)
Aufgabenbereich: Lehren, alte Weisheit, ErlEuchtung
Wochentag: Montag

Siegel Erzengel Jophiel

Ein paar Worte vom Cohan des zweiten Strahls:

Geliebte Brüder und Schwestern,
es ist mir ein Anliegen, ein paar Worte über die Tätigkeiten
meines Strahls an alle zu richten, die sich in seinen Dienst stel-
len möchten.

Der zweite Strahl bedient sich der Weisheit aller Mitarbeiter.
Diese Weisheit dient als Grundlage für das Lehren, für die Er-
haltung des Friedens und für die Erleuchtung, die mit fortschrei-
tender Entwicklung einhergeht. Auch Meister Kuthumi bedient
sich dieses Strahls. Wie ihr wisst, waren viele seiner Inkarnatio-
nen von Weisheit, Brüderlichkeit und bedingungsloser Liebe
geprägt. Unsere Mitarbeiter sind also aufgefordert, in sich zu
gehen, denn nur dort finden sie ihre ureigene Weisheit, die sie
erstrahlen lässt in ihrem unverwechselbaren Licht. Jeder unse-
rer Mitarbeiter ist einmalig in seiner Erscheinungsart, in seinem
Tun im Dienste der Menschheit.

So finden sich in dieser Abteilung viele ein, die sozusagen
das Prädikat „sehr wertvoll" verdienen. Aber sie müssen es sich
oftmals mühevoll erarbeiten. Alte Künste und Talente sind ihnen
eigen, jedoch mehr auf dem Gebiet des Umgangs mit Men-
schen. Ihre Fähigkeiten dienen oft dem Fortschritt der Men-
schen, ihrer Weiterentwicklung, dem Lehren Im Allgemeinen,
aber auch antiken Künsten, die heute nicht mehr so bekannt
und gelebt sind. Die Menschen suchen ihren Rat, sie schätzen
ihre Ruhe und Gelassenheit, wenn sie sich selbst gemeistert
und ihre Ausgeglichenheit gefunden haben.

Dieser Weg der Selbstbemeisterung ist für sie oft schwer,
denn oftmals fühlen sie sich einsam und alleine gelassen. Sie
müssen ihnen schwer erscheinende Aufgaben selbst erledigen,

denn dies sind ihre schwersten Prüfungen. Sehr schwer meistern sie das Thema „Vertrauen". Existenzängste und eine gewisse Schwerfälligkeit im Sinne der Eigeninitiative prägen ihren anfänglichen Weg. Haben sie jedoch ihre Prüfungen bestanden, spüren sie eine gewisse Sicherheit, dann wachsen sie über sich hinaus. Dann spüren sie, wie wertvoll sie sind für ihre Mitmenschen.

Erst dann lassen wir sie hinausgehen in ihre Arbeit, damit sie einbringen die goldene Ernte der Weisheit. Sie sind sozusagen die Kämpfer an der Front, die Außendienstmitarbeiter der geistigen Hierarchie. Alles braucht seine Zeit, und gute Mitarbeiter müssen gut geschult sein, damit ihre Lehre die Menschen erreicht. Nur Geduld kann diese Beförderung ermöglichen.

Gott zum Gruße
Konfuzius

Abteilung 3:
Strahlenfarbe: Rosa
Lenker/Abteilungsleiterin/Cohan: Lady Rowena
Frühere Inkarnationen:
Priesterin in Atlantis, Aphrodite, Johanna von Orleans, Hl. Bernadette, Marie Antoinette, Maria Stuart,
Tempel:
Ätherisch in Südfrankreich, im Rhônetal - Chateau de Liberté
Erkennungsmelodie: *Marseillaise* – französische Nationalhymne
Elohim: Orion – **weibliche Ergänzung:** Angelika
Erzengel: Chamuel – **weibliche Ergänzung:** Charity (Barmherzigkeit)
Aufgabenbereich:
Freiheit, Toleranz, Barmherzigkeit, Schönheit, göttliche Liebe
Wochentag: Dienstag

Siegel Erzengel Chamuel

Ein paar Worte der Meisterin:

Geliebte SchülerInnen und MitarbeiterInnen der geistigen Hierarchie,

meine Worte an alle, die ihre Mitarbeit in unserem Sinne anstreben, sollen dazu auffordern, den Schritt in die Freiheit zu tun, in eine Freiheit des ganzen Individuums. Nur so können sich Charaktermerkmale entfalten, die allem Sein zu Diensten sind, Mensch, Tier, Pflanze und Mineral, nicht zuletzt der Mutter Erde. Freiheit, Toleranz allem Leben gegenüber, Sinn für Schönheit und Muse sind meinen Lichtarbeitern in die Wiege gelegt. Aber wie viele von ihnen müssen hart kämpfen, um ihre weichen und zarten Seiten ausleben zu dürfen. Mangelnde Freiheit ist der Aspekt, der sie trennt vom Kern ihres Wesens. Nur wenn dieser erreicht ist, lebt die Seele auf, erkennt sie ihre Brillanz im Sinne des Dienstes zum Wohle aller.

Aber Freiheit bedeutet oft auch Widerstand, den es zu überwinden gilt. Auch ich musste oft kämpfen um der Freiheit willen. Wie oft verlor ich sie gerade durch meinen Kampf. So will ich ausdrücken, dass viele meiner Mitarbeiter zunächst durch tiefe und anstrengende Täler wandern, bis sie erkennen, wo ihre Stärken liegen. Die Kunst ist vielen mitgegeben, denn gerade durch das Er - l e b e n der Künste werden sie frei. So wird ihr Wert geschätzt. Sie strahlen durch ihr Sein und ihr Wirken. So erfreuen sie andere mit ihrem ruhigen, zurückhaltenden Wesen.

Leider muss ich sie immer wieder dazu anhalten, ihr Licht nicht unter den Scheffel zu stellen. Man kann sie sehr schnell verletzen, so dass sie oftmals lange Zeit nicht fähig sind, wieder von vorne zu beginnen. Sie verlieren dann einfach ihre Sicherheit, gerade bei scharfer Kritik. Sie sind nun einmal im Grunde ihres Herzens Lebenskünstler. Man darf sie nicht unterjochen und einsperren. *Strenge Disziplin verwirrt sie. Sie lieben die Toleranz über alles. Aber aus gerade diesem Grund werden sie oft ausgenutzt. Ihr ausgleichendes Wesen leidet unter Intrigen und Klatsch. Sie ziehen sich dann zurück in ihr Schneckenhaus und flüchten oft in Krankheit.*

In unserem Unternehmen würde man sagen, sind sie die musisch Begabten, die im Hintergrund und still wirken, die die Harmonie stiften und immer wieder ausgleichen.

Wie ihr sicherlich wisst, geben die Meister oftmals gewisse Bewusstseinsanteile von sich mit in die Inkarnationen. Diese dienen dann dem schnelleren Erreichen des Seelenzieles. Es sind insofern Seelen, die sich schon weit entwickelt haben und keine leichten Aufgaben übernehmen. So möchte ich in meinem Falle ein paar Beispiele nennen, die euch sicherlich überzeugen: Prinzessin Diana, Grace Kelly, Rosa Luxemburg, Anne Frank.

Sie alle haben gekämpft, Liebe und Schönheit verkörpert, eine feine und ästhetische Art gezeigt, aber auch Spuren der Befreiung hinterlassen, indem sie zeigten, wie man seinen Selbstwert deutlich macht.

Nicht alle Anstrengungen sind irdisch immer von Erfolg gekrönt. Oft bleibt in der Materie der Lohn auf der Strecke. Der geistige Lohn jedoch übertrifft jeden irdischen Maßstab. So bitte ich alle, die sich in meiner Abteilung einfinden, um Geduld und unablässiges Bemühen. Jede Erinnerung, die von euch zurückbleibt, lässt den Samen der Freiheit aufgehen.

Gott zum Gruße
Rowena

Abteilung 4:
Strahlenfarbe: Weiß
Lenker/Abteilungsleiter/Cohan: Serapis Bey
Frühere Inkarnationen:
U.a. Priester in Atlantis, Hl. König Balthasar, Spartanerkönig Leonidas, Amenophis III, Imhotep – der Erbauer der ersten Pyramide für Pharao Djoser – Erfinder der Hieroglyphenschrift und der Mumifizierung
Tempel: Ätherisch über Luxor - Ägypten
Erkennungsmelodie: *Liebestraum* von Franz von Liszt
Elohim: Claire – **weibliche Ergänzung:** Astrea
Erzengel: Gabriel – **weibliche Ergänzung:** Hope (Hoffnung)
Aufgabenbereich: Reinheit, Disziplin, Kraft, Stärke, Aufstieg
Wochentag: Mittwoch

Siegel Erzengel Gabriel

Ein paar Worte des geliebten Meisters des Aufstiegs:

Geliebte BewerberInnen und MitarbeiterInnen der geistigen Hierarchie,

gerade im Irdischen ist den meisten von euch die Tatsache nicht fremd, dass ein Unternehmen nur funktionieren, überleben und wachsen kann, wenn seine Mitarbeiter alle erforderlichen Voraussetzungen erfüllen. Ein Unternehmen lebt von seinen Mitarbeitern. Viele werden bewusst schon die Erfahrung gemacht haben, auch wenn es ihnen oftmals schwer fällt, dass nur ein gewisses Quantum an Disziplin, Wille und Kraft den Fortbestand eines Unternehmens und seine Stabilität garantiert.

Ich empfange in meiner Abteilung zur Schaffung des Produktes „Aufstieg" alle Bewerber, die - sagen wir - zunächst den letzten Schliff benötigen, um sich zu bewähren, dieser harten Disziplin zu folgen, die wir alle brauchen, um an einem Strang zu ziehen. Kleine Korrekturen werden vorgenommen, Klärung alter Verletzungen und Missstände. Alles erfolgt in Liebe und mit großer Geduld. Ihr könntet mich vergleichen mit einem Personalchef, der vielen Bewerbern eine Chance gibt, da er erkannt hat, dass sie ein großes Potenzial in sich tragen, welches vielleicht durch Missbrauch oder Bestrafung nicht so recht an den Tag kommen will. Gleichzeitig muss er dann aber auch über die Beförderungen entscheiden, über höhere Gehaltsstufen und anspruchsvollere Aufgaben.

Meine Aufgabe besteht also mit darin, alle Mitarbeiter zu beurteilen, ob sie letztlich dem Produkt Aufstieg gewachsen sind. Der Weg jedes Einzelnen führt also an meiner Tür vorbei. Denn überlegt: Auf der geistigen Ebene seid ihr ganz alleine auf euch gestellt. Dort müsst ihr beweisen, dass ihr alle zu Führungskräften aufgestiegen seid. Niemand erteilt euch mehr Rat oder korrigiert eure Fehler. Dann seid ihr diejenigen, die zu führen haben.

Lasse ich euch ohne die notwendige Qualifikation aufsteigen, fällt der Missstand auf mich und alle anderen zurück. Ich muss hart beurteilen. Reinheit, Disziplin, absoluter Gehorsam dem göttlichen Willen gegenüber, Kraft und Stärke in allen Belangen sind unabdingbar. Nur wer alle diese Aspekte in seiner Seele vereint, darf unser Produkt in Händen halten. So kann ich nur sagen: „Versucht es!" Der Einsatz lohnt sich. Wer einmal in dem weißen Licht gebadet hat, der ist am Ziel allen Denkens und Handelns. Ich reiche stellvertretend für alle anderen Abteilungsleiter jedem die Hand und heiße ihn gemäß seines Bewusstseins willkommen, damit er sich vervollkommnen darf.

Gott zum Gruße
Serapis Bey

Abteilung 5:
Strahlenfarbe: Grün
Lenker/Abteilungsleiter/Cohan: Hilarion
Frühere Inkarnationen:
U.a. Apostel Paulus, Hl. Benedikt, Hl. Christophorus, Hippokrates, von Galen
Tempel: Ätherisch über Kreta
Erkennungsmelodie:
Onward Christian Soldiers von Arthur Seymour Sullivan
Elohim: Vista – **weibliche Ergänzung:** Kristall
Erzengel: Raphael – **weibliche Ergänzung:** Mutter Maria
Aufgabenbereich: Wahrheit, Konzentration, Heilung
Wochentag: Donnerstag

Siegel Erzengel Raphael

Ein paar Worte des Meisters Hilarion:

Meine geliebten Freunde,

in meiner Abteilung herrschen grundsätzliche Prinzipien. Alle meine teuren Mitarbeiter müssen lernen, ihre Aufgabe von der Pike auf zu üben und zu gestalten. Wer immer sich seinen Mitmenschen nähert, um ihnen Heilung im Sinne der Medizin, der Psyche oder wie auch immer zu bringen, muss zunächst sich selbst im Einklang mit allem finden. Ihr alle werdet schon festgestellt haben, dass man seine Arbeit, gleich was man tut, nur korrekt ausführen kann, wenn man ausgeglichen, ruhig und ohne seelische und körperliche Belastung ist.

Um diesen Zustand zu erreichen, muss man oftmals viele Schritte unternehmen. Man kann natürlich mogeln, sich gesund stellen, seine Emotionen und Ängste verstecken. Aber habt ihr euch schon einmal darüber Gedanken gemacht, was das zur Folge haben kann? Ihr wisst es genau. Es überträgt sich auf alle anderen, die in einer ähnlichen Verfassung sind wie ihr. Das heißt, wenn ihr nun vorgebt, einem Menschen helfen zu wollen, seine Blockaden zu beseitigen und ihr selbst steckt genau in den gleichen Schuhen, lauft ihr Gefahr, eure eigenen Aspekte zusätzlich auf den anderen zu übertragen. Nur wer heil ist, kann heilen.

Um heil zu sein, muss man oftmals lange an sich arbeiten, denn Im Allgemeinen leidet man ja an Dingen, die nicht so leicht zu bewältigen sind. So muss man in meiner Abteilung damit rechnen, auf Herz und Nieren geprüft zu werden, bevor man die Ermächtigung bekommt, sich an andere heranzuwagen. Heilung muss eine Wirkung haben, sonst ist sie keine Heilung. Sie ist endgültig, es gibt keinen Rückfall, wenn ein Mensch korrekt geheilt ist. Alles andere sind Heilungsversuche, ein Messen der

116

negativen und positiven Kräfte. Heilung bringen kann also nur der, der selbst wirklich heil ist. Er weiß sie auch zu schätzen.

Meine Aspekte des grünen Strahls sind: Konzentration, Wahrheit und Heilung. In diesem Sinne bitte ich um Beachtung der Reihenfolge. Konzentration und Wahrheit bedeutet, sich zu erkennen mit allen Stärken und Schwächen, sich auch die Mühe zu machen, die Dinge herauszufinden. Dann lernt man, optimal damit umzugehen, die Stärken zu nutzen und einzusetzen, die Schwächen zu verlieren. Was nutzt es jemandem, wenn er unbedingt ein guter Mediziner oder Heiler werden will, und er stellt fest, dass er eigentlich ein guter Schauspieler wäre. Wenn ein Mensch Chakrenblockaden besitzt, wenn er selbst krank ist oder große seelische Probleme mit sich herumschleppt, warne ich ihn eindringlich davor, sich heilerisch an anderen Menschen zu betätigen.

Ich weiß, was viele nun denken: Die Heilung, von der ich spreche, hat nichts mit der Behandlung von Symptomen zu tun, sondern sie fordert den Einsatz des ganzen Menschen. Nur wer heil und klar ist, kann die Ursache der Krankheiten und Blockaden erkennen und beseitigen. Auch gute Therapeuten, die von mir geführt werden, haben nur Aussicht auf langfristigen Erfolg, wenn sie selbst keiner Therapie mehr bedürfen und ein ausgeglichenes Wesen besitzen.

Ihr müsst wissen, dass eine Zusammenarbeit in unserem Unternehmen, oder sagen wir die Aufnahme als Mitarbeiter, hohe Ansprüche stellt. Sie ist sozusagen eine Belohnung für die Qualifikation. Und diese bedingt, dass ihr euch so weit vom Alltäglichen distanzieren könnt, dass ihr für die anderen Unternehmen überqualifiziert seid. Den letzten Schliff dürft ihr euch zwar erarbeiten, aber dafür habt ihr dann nur eine gewisse Zeit-

spanne zur Verfügung. Dann seid ihr verantwortlich für euer Tun. Die Verantwortung ist groß, vergesst das nie.

Auch ich musste mich in vielen Inkarnationen oftmals bemeistern, Zweifel und Emotionen verlieren, um anderen Heil und Wissen zu vermitteln. Nur die Einsicht kann euch helfen, die Tür zur Heilung zu öffnen.

Gott zum Gruße
Hilarion

Abteilung 6:
Strahlenfarbe: Rubinrot mit Gold
Lenker/Abteilungsleiterin/Cohan: Lady Nada
Frühere Inkarnationen:
U.a. Priesterin und Königin in Atlantis, Maria Magdalena, Klara von Assisi, Scholastika (Schwester des Hl. Benedikt), Teresa von Avila
Elohim: Tranquilitas – **weibliche Ergänzung:** Pacifica
Erzengel: Uriel – **weibliche Ergänzung:** Donna Grazia
Aufgabenbereich:
Frieden, Geistige Heilung, echtes Priestertum, Hingabe, Dienen, Gnade
Wochentag: Freitag

Siegel Erzengel Uriel

Ein paar Worte der Meisterin:

Meine lieben Schüler und Schülerinnen,

lasst mich zunächst sagen, dass ich die Worte meines Bruders Hilarion nur betonen kann. Auch ich habe in meinen Leben viel an mir gearbeitet, um mich zu erkennen und meinen Aufstieg zu erlangen. Nicht immer ist es leicht, zurückzutreten und zu sagen: Ja, ich habe noch viel zu lernen, um anderen ein Vorbild zu sein. Denkt immer an Jesus, wie selbstlos und geradlinig er sein Leben gestaltete. Es gab bei ihm keinen Mittelweg. Er gab nur dem Heilung, der sie auch wollte. Wenn er Ruhe brauchte, um sich zu sammeln, um wieder zu Kräften zu kommen, zog er sich zurück und sprach mit seinem Vater. Dann lehnte er jeden Kontakt ab. Er tat es nie verletzend, aber bestimmt. Wenn er litt, heilte er sich selbst zuerst, um anderen dann seine Kraft wieder leihen zu können.

So möchte ich euch bitten, immer die bedingungslose Liebe ins Auge zu fassen. Aber um andere lieben zu können, müsst ihr zunächst euch selbst lieben können. Heilung durch den Geist fließt durch das Herz, es ist die Herzensenergie, die euch geschenkt wird, um anderen zu helfen. Dafür muss das Herz rein sein. Vom Herzen durch die Hände geht unsere Energie der Liebe.

Lebt die Liebe auf allen Ebenen. Sie ist die einzige Kraft im gesamten Universum, die alles vermag. Auch wenn es euch oft schwer fällt, daran zu glauben. Nur wer reinen Herzens auf seine Mitmenschen zuzugehen vermag, kann sie auch heilen.

Liebe ist eine Kraft, die sich unterschiedlich ausdrückt, als Mitfühlen – niemals Mitleid, als Anteilnahme, Sympathie, Respekt, Toleranz, Beschützen, und nicht zuletzt als sexuelle Energie in der Partnerschaft.

Gerade in der Partnerschaft dürft ihr alle oben genannten Aspekte üben. Sie vereinen sich dort, damit ihr euch prüfen dürft, wo es noch mangelt. Das direkte Umfeld, die Menschen, die euch am nächsten stehen, bieten euch ein unerschöpfliches Potenzial, damit ihr eure Liebe in ihrer Stärke einschätzen könnt. So seid gewiss, dass diese Einrichtung der Partnerschaft von Gott bewusst gewählt wurde. Die Liebe zwischen zwei Menschen bietet jeden Freiraum zur Entfaltung der Seele, wenn man sie richtig lebt.

Viele fühlen sich eingeengt und sind verzweifelt. Sie suchen nach Abwechslung oder nach der sogenannten Freiheit. Wie oft endet diese Suche in der Einsamkeit? Dort, wo die bedingungslose Liebe zu Hause ist, können nur Friede und Glück wohnen. Es herrschen Vertrauen und Ehrlichkeit. Alles, was dort existiert, kann niemals verletzen. Auch die Sexualität wurde dafür geschaffen. Sie ist ein Energieausgleich und kann euch helfen, sämtliche Energiezentren im Körper in Einklang zu bringen, wenn sie so gelebt wird, dass beide Partner sich in ihr wohlfühlen und ein Gefühl des Aufgehobenseins verspüren.

Wenn zwei Menschen diese Kunst der Liebe beherrschen, können sie ihre Ausstrahlung auf alle anderen ausdehnen. Dies fängt in der Familie an und setzt sich fort auf alle Wesen, mit denen sie in Kontakt kommen. Sie wirken nach außen viel schöner und reicher an Energie.

In unserer Abteilung also fördern wir diese Charaktermerkmale. Manchmal kommen neue Mitarbeiter zu uns, die gedemütigt wurden, oder deren Herz schmerzt. Dann geben wir ihnen die Zeit der Erholung. Sie bekommen leichte Aufgaben, dürfen sich bei anderen Rat und Unterstützung holen. Aber dann müssen wir beginnen, konkret zu arbeiten, denn wir wollen ja das

Licht und die Liebe verbreiten. Wir senken sie in die Herzen der Menschen, sei es durch die Kraft der Hände, durch das geschriebene Wort, oder wie auch immer. Wir wollen helfen, dass sich alle Menschen im Leben zurechtfinden. Das Leben ist schön. Mutter Erde hält soviel bereit, um das Herz zu erfreuen.

Leben und Lebensgenuss ist uns wichtig. Ihr sollt lachen, froh sein und euch der schönen Dinge erfreuen. Daran dürfen so viele teilhaben. Viele meiner Mitarbeiter fordere ich auf, sich die Dinge, die sie belasten, von der Seele zu schreiben. So werden sie ausgeglichen und können anderen mit gutem Beispiel vorangehen. Viele meiner Mitarbeiterinnen lernen durch unsere Zusammenarbeit den Sinn ihrer Partnerschaft oder Familie richtig zu verstehen. Sie erkennen zum ersten Male ihre gottgewollte Position als Frau und Mutter und Dienerin zum Wohle aller.

Ich will hier nicht andeuten, dass sie sich unterordnen sollen. Im Gegenteil, sie lernen so, Kraft zu schöpfen und ihr Potenzial zu nutzen. Denkt daran: Nur die Liebe kann Grenzen überschreiten, Kriege verhindern, Heilung bringen und euch dem Aufstieg näher bringen.

Gott zum Gruße
Nada

Abteilung 7:
Strahlenfarbe: Purpur-Violett
Lenker/Abteilungsleiter/Cohan: Saint Germain
Frühere Inkarnationen:
U.a. Graf St. Germain, Christoph Kolumbus, St. Alban, Hl. Josef,
Christian Rosenkreuz, Francis Bacon, Prophet Samuel, Proclus
Tempel: Ätherisch in Transsilvanien (Karpaten)
Erkennungsmelodie: *Wiener Walzer* von Johann Strauß
Elohim: Arkturus – **weibliche Ergänzung:** Diana
Erzengel: Zadkiel – **weibliche Ergänzung:** Amethyst
Aufgabenbereich:
Transformation, Umwandlung, Freiheit, Karmaauflösung
Wochentag: Samstag

Siegel Erzengel Zadkiel

Meister Saint Germain, der Lenker des Neuen Zeitalters:

Geliebte Brüder und Schwestern,

ich möchte an dieser Stelle alle diejenigen zum Eintritt in unser Unternehmen auffordern, die in ihrem Herzen den dringenden Wunsch verspüren, den Aufstieg mit zu gestalten und zu beschleunigen. Jedoch, bedenkt die Verantwortung, die ihr übernehmt mit diesem Schritt. Ich muss dies anmerken, denn letztendlich ist es meine Aufgabe, alle Schritte, die für den Eintritt in das Neue Zeitalter vonnöten sind, einzuleiten. Niemand wird aufgenommen in unseren Kreis, der nur aus Neugier oder auf Probe eine Anstellung sucht. Testet euch vorher, entscheidet gut und weise, ob ihr euch dieser schweren Aufgabe stellen wollt. Das Produkt Aufstieg ist unbezahlbar, nicht greifbar, sondern nur erfahrbar. Grenzenloses Vertrauen, absoluter Gehorsam dem göttlichen Willen gegenüber, Geduld, Reinheit im Herzen und Handeln, bedingungslose Liebe zu allem und jedem, Selbstvertrauen, Wertschätzung der eigenen Person und aller anderen und der Wille zur Transformation und Umwandlung sind die Maßgaben, die unerlässlich sind, um bei uns eine Anstellung zu finden, die von Dauer ist.

In meiner Abteilung finden sich die „harten Arbeiter" zusammen. Sie haben es sich bewusst erwählt, denn viele tragen durch ihren Einsatz viel Karma ab. Wir wissen, die Transformation und die Umwandlung sind seit alters her die schwierigsten Aufgaben. Viele sind daran gescheitert. Im Namen des Vaters wurde schon viel Unheil angerichtet, um eine Transformation zu erreichen. Immer wurde von neuem Karma geschaffen, da das Ego stärker war als der göttliche Auftrag.

Das Ego ist lebenswichtig, aber es muss transformiert werden. Verwechselt es bitte nicht mit Egoismus. Es erinnert euch

124

immer wieder an eure lebenswichtigen Aspekte.

Meine Mitarbeiter werden lange getestet. Sie haben eine lange Probezeit zu bestehen, bis sie fest angestellt werden. Ich lasse sie in der Regel all das durchleiden und durchleben, was sie den anderen später vermitteln sollen. Wie sollen sie helfen und transformieren, wenn sie nicht wissen, worüber sie sprechen? Nie bleiben sie ohne Hilfe, obwohl manche oftmals verzweifeln und umkehren wollen. Auch das dürfen sie.

Jeder darf wieder kündigen. Aber wer sich dazu entschieden hat, wird in dieser Inkarnation nicht wieder eingestellt. So bedenkt eure Schritte. Prüft vorher euer Durchhaltevermögen und eure Gesinnung.

Ich beschäftige in meiner Abteilung viele Therapeuten, Psychologen, aber auch Führungskräfte und Menschen, die Veränderungen bringen sollen. Sie betreiben Aufklärungsarbeit, Reformation, jedoch ohne Missionierung. Alle erhalten sie die Kraft der violetten Flamme, die ihr Markenzeichen ist. Allerdings müssen sie sich immer wieder zu recht prüfen, ob sie nicht manipulieren oder mentalen Fehlern unterliegen. Das gehört jedoch zu ihrem Naturell. Es ist sozusagen Bestandteil der Bemeisterung ihres Egos. Viele sind sehr eigenwillig. Es gibt schon Auseinandersetzungen. Jedoch bin ich immer bereit zur Schlichtung. Ich höre mir alle Argumente an. Ich weiß, wie schwer die Arbeit an der Front oft ist. In meinen Leben habe ich viel gekämpft. So weiß ich, wie schnell man versagen kann und aufzugeben bereit ist.

So kann ich nur sagen: Wer uns begleiten will auf den letzten Schritten in ein Neues Zeitalter, ist herzlich willkommen.

Gott zum Gruße
Saint Germain

Nachrichten für die Neue Zeit

Liebe Leserinnen und Leser,

wir freuen uns, Ihnen einen neuen Service des Smaragd Verlags anbieten zu können:
Auf unserer Internetseite www.smaragd-verlag.de finden Sie ab sofort Nachrichten für die Neue Zeit, die so wichtig sind, dass sie nicht warten können, bis ein neues Buch erscheint.

Dazu gehören:

* Gechannelte Texte aus der Geistigen Welt zu wichtigen Ereignissen oder Themen;
* Neue Begriffe, die als Folge von Durchsagen aus der Geistigen Welt für das Verständnis dessen, was zur Zeit geschieht, wichtig sind;
* Nachträge zum Lexikon für die Neue Zeit (1. Auflage erschienen im Juni 2005);
* Hinweise auf Meditationstermine;
* Hinweise auf Seminare und ihre Themen;
* Weitere wichtige Informationen für die Neue Zeit.

Diese Seite im Internet wird nach Bedarf regelmäßig aktualisiert. Sollten Sie kein Internet haben, werden wir Ihnen gerne die Nachrichten per Fax oder per Post zukommen lassen.

Claire Avalon
Die Weiße Bruderschaft
EL MORYA: Was ihr sät, das erntet ihr!
256 Seiten, broschiert, ISBN 3-926374-59-4

EL MORYA, Aufgestiegener Meiser und Herrscher des Ersten Strahls, zeigt in diesem Buch über Karma sehr anschaulich, dass es keinen strafenden Gott gibt, sondern jede Seele für das verantwortlich ist, was ihr widerfährt und dass jedes noch so kleine oder große Problem seine Ursache hat. vor allem lässt er uns spüren, dass der Vater allen Seins mit unendlicher Liebe und Güte auf die Rückkehr jeder Seele wartet.
Auch für Therapeut/inn/en ein wichtiges Buch.

Claire Avalon
Die zwölf göttlichen Strahlen und die Priester aus Atlantis
384 Seiten, geb., ISBN 3-934254-12-8

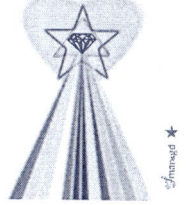

Dieses umfangreiche, ausschließlich gechannelte Werk enthält hochinteressante Informationen über das Wirken der zwölf göttlichen Strahlen und macht uns mit dem neuen und doch alten Basiswissen aus Atlantis vertraut, das uns bisher nicht zur Verfügung stand. Wir lernen 84 atlantische Priester und Priesterinnen kennen, die von EL MORYA vorgestellt werden und dann selbst zu ihren speziellen Aufgaben sprechen. Ein wichtiges Buch, das auch viele Therapeuten, Heilpraktiker und Helfer der Menschheit erreichen möchte.

Claire Avalon
Atlantis
Begegnungen mit den Wächtern von Eden
Arbeitsbuch 1 + 2
280 Seiten, geb., ISBN 3-934254-73-X (Buch 1)
296 Seiten, geb., ISBN 3-934254-87-X (Buch 2)

Diese Arbeitsbücher sind die praktische Umsetzung von „Die zwölf göttlichen Strahlen", in dem die Strahlen 1-3 bzw. 4-6 behandelt werden. Einfühlsame Texte und tiefgehende Meditationen der einzelnen Priester führen uns zurück nach Atlantis, wo wir frühere Aufgaben, Talente oder Tätigkeiten anschauen und die Erkenntnisse in den Alltag mitnehmen können. Die Priester richten sich liebevoll und in einer für sie verständlichen Sprache an Kinder ab etwa 10 Jahren, die hier Hilfe für sich und ihre Probleme finden, was dieses Buch so besonders macht. Ein wichtiges Buch für jeden und eine wunderbare Hilfe für spirituell aufgeschlossene Eltern, Erzieher und Lehrer.

Ines Witte-Henriksen
Hilarion – Flamme der Wahrheit
168 Seiten, broschiert, ISBN 3-934254-95-0

Ines Witte-Henriksen, deren Geistführer Hilarion ist, berichtet über den grünen Strahl von Hilarion, auf dem auch Erzengel Raphael dient und der die Bereiche *Wahrheit*, *Konzentration* und *Heilung* berührt. Und so geht es hier vorwiegend um Heilung nach dem Motto: Heiler, heile dich selbst! Die Kraft der Konzentration von Hilarion führt uns nach innen, wo wir unserer eigenen Kraft und Stärke, aber auch unserem eigenen Licht- und Schattenreich begegnen, damit wir uns aus der Opferrolle befreien und ganz in die eigene Schöpferkraft gehen können. Die goldenen Engel der Weisheit unterstützen die Heilkraft des grünen Strahls, indem sie dem Menschen immer wieder Impulse geben, der eigenen Weisheit zu vertrauen und der inneren Stimme zu glauben. Die Autorin macht Mut, der eigenen Wahrheit zu begegnen und diese im Alltag zu leben.

Barbara Vödisch
Lady Nada: Botschaften der Liebe

196 Seiten, DIN A 5, Softcover, ISBN 3-926374-75-6

Hier ist die Antwort der geistigen Welt zu einem Thema, das die Menschheit seit jeher bewegt hat.
Nada, Aufgestiegene Meisterin, spricht über das Thema Liebe in all seinen Facetten: Die Liebe zu sich selbst und zu anderen; zu Pflanzen und Tieren; Kontakt mit der geistigen Welt – das sind nur einige Themen dieses Buches, aus dem so viel Liebe strömt, dass einem bei der Lektüre ganz warm und das Herz ganz weit wird.

Mara Ordemann
Lexikon für die Neue Zeit
176 Seiten, geb., ISBN 3-934254-92-6

Von 2012, Aufstieg oder die fünf neuen Chakren, über Indigo-Kristall- und Regenbogenkinder, Lichtkörperprozess, Tor-öffnung, Weiße Bruderschaft bis Zentralsonne werden klar und verständlich Begriffe erklärt, die für die stetig wachsende Zahl von Menschen, die sich für spirituelle Themen interes-sieren, unverzichtbar sind und ein wichtiges Hinter-grundwissen darstellen. Wer oder was ist die Weiße Bruderschaft, wer oder was sind Aufgestiegene Meister, (u.a. Sananda, El Morya, Sanat Kumara), wer ist KRYON? Was sind ihre Aufgaben, und was hat es mit Channeling oder den zwölf göttlichen Strahlen auf sich. Also kein übliches Esoterik-Lexikon, sondern ein Ratgeber aus kompetenter Hand, mit dem das Verständnis für die Neue Zeit immens erleichtert wird. Das „Who is Who" der Geistigen Welt!